POLYGLOTT on tour

Kreta

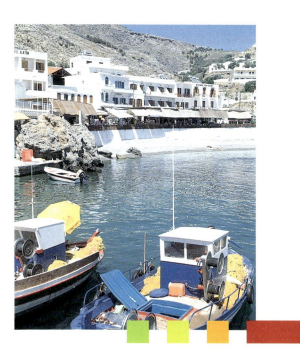

Andreas Schneider

Special

Kretas Schatztruhe Seite 6
Shopping auf Kretisch Seite 8
Wanderparadies Kreta Seite 10

Allgemeines

Ferieninsel und Wiege Europas Seite 12
Geschichte im Überblick Seite 20
Kultur gestern und heute Seite 23
Essen und Trinken Seite 29
Urlaub aktiv auf Kreta Seite 33
Unterkunft Seite 34
Reisewege und Verkehrsmittel Seite 35
Infos von A–Z Seite 97
Mini-Dolmetscher Seite 102
Register Seite 104
Die wichtigsten Sehenswürdigkeiten Seite 108

Städtebeschreibungen

Iraklion: Betonwüste – aber »Kreta authentisch« Seite 36

Auch wenn Hektik und Lärm längst in Iraklion eingezogen sind – auch Kretas große Kultur ist hier noch zu finden, nicht zuletzt in dem einmaligen Archäologischen Museum.

Knossos: Zentrum der minoischen Kultur Seite 43

Was Arthur Evans einst ausgrub und rekonstruierte, bietet den Besuchern des 21. Jahrhunderts einen einmaligen Einblick in die minoische Vergangenheit.

Agios Nikolaos: Die weiße Stadt am malerischen Mirabello-Golf Seite 47

Die Stadt mit ihrem eigenen kleinen See ist Ausgangspunkt für Touren und Ausflüge zu den Sehenswürdigkeiten Ostkretas.

**Rethimnon: Venezianisch-türkische
Altstadt und schmucker Hafen**   Seite 50

Sein türkisches Erbe macht den besonderen Reiz dieses hübschen Städtchens aus.

Chania: Perle Westkretas   Seite 53

Hier waren es vor allem die Venezianer, die im Mittelalter den Ort gestalteten.

Touren

Tour 1
Kulturlandschaft Messara-Ebene   Seite 59

Im Herzen Kretas liegen Phaistos, der am schönsten gelegene minoische Palast, und die Ausgrabungsstätte Agia Triada.

Tour 2
Kretas bekannteste Hochebene   Seite 65

Von Iraklion oder Agios Nikolaos auf die berühmte Lassithi-Hochebene, wo zum Teil noch weißbespannte Windräder Wasser auf die Felder pumpen.

Tour 3
Die Nordküste östlich von Iraklion   Seite 66

Von Iraklion über die Küstenstraße zum minoischen Palast von Malia, dem drittgrößten Palast Kretas, und seiner »goldreichen« Nekropole.

Tour 4 — **Kretas wilder Osten** — Seite 71

Weiter auf minoischer Spurensuche: Durch das »Tal der Toten« mit seinen Felshöhlen geht es nach Kato Zakros, der vierten Palastausgrabung.

Tour 5 — **Ins Ida-Massiv** — Seite 77

Die Nida-Hochebene mit der mythischen Zeushöhle ist der beste Ausgangspunkt für die Besteigung des Psiloritis, des höchsten Bergs Kretas.

Tour 6 — **An der Nordküste nach Westen** — Seite 80

An dieser Route liegt das Kloster Arkadi, das kretische Nationalheiligtum, Symbol des Widerstands gegen die Türkenherrschaft.

Tour 7 — **Klosterbesuch und Strandfreuden** — Seite 84

Von Rethimnon an die Südküste zu der feinsandigen Bucht von Plakias und zum Strand von Preveli mit seinem ungewöhnlichen Palmenhain.

Tour 8 — **An der Nordküste nach Chania** — Seite 85

An der Strecke von Rethimnon nach Chania liegt der einzige natürliche Süßwassersee Kretas, der See von Kournas.

Tour 9

Land der Sfakioten

Seite 88

Im schluchtenreichen, rauen Bergland der Sfakia gibt es noch einige stille, abgelegene Dörfer, die man nur zu Fuß erwandern kann.

Tour 10

Nationalpark Samaria-Schlucht

Seite 90

Ein Höhepunkt für Wanderer und Naturfreunde ist die Durchquerung der Samaria-Schlucht, die an ihrer engsten Stelle nur drei Meter breit ist.

Tour 11

Der Westen: grün und fruchtbar

Seite 92

Vorbei an den Ferienzentren der westlichen Nordküste geht es in die weniger besuchten Küstenorte am Libyschen Meer und zur einsamen Insel Gavdos.

Tour 12

Der äußerste Westen

Seite 94

Klöster, verlassene Landschaften, flach auslaufende Strände: Der Kontrast zu den Touristenzentren an der Nordküste könnte nicht größer sein.

Bildnachweis

Alle Fotos APA Publications/Glyn Genin außer Farbdia-Archiv Gunda Amberg: 52; Echo/Thomas Gebhardt: 57; Rainer Hackenberg: 7, 64, 68; Marlis Kappelhoff: 74(2); Dorothee Kern: 58; Taurus Film: 27(2); Ernst Wrba: 6, 6/7 (Fondbild), 8, 8/9 (Fondbild), 9, 10, 10/11 (Fondbild), 11, 48, 79, 82; Titelbild: Visum/D. Reinartz

Kretas Schatztruhe

Es muss eine sinnenfrohe, schöpferische und friedliche Kultur gewesen sein – die minoische, die vor rund dreieinhalbtausend Jahren so jäh vom Erdboden verschwand. Als sich im ausgehenden 19. Jh. besessene Archäologen mit Schaufel und Hacke ans Werk machten, um unter der glühenden Sonne Kretas den Palast des legendären König Minos zu finden, sorgten sie für eine Sensation nach der anderen. Denn was sie aus der ausgedörrten Erde buddelten, waren spektakuläre Meisterwerke – die frühesten der abendländischen Kultur! Wer sie bestaunen will, muss das Archäologische Museum von Iraklion besuchen. Denn dort, und nur dort, sind sie aufbewahrt!

Tipp Das **Archäologische Museum Iraklion** ist meistens sehr voll. Wer die Exponate ungestört betrachten möchte sollte gleich am Morgen oder am frühen Nachmittag kommen. Im Museumscafé kann man sich eine Pause gönnen.

▌Die Sammlung ist chronologisch und nach Fundorten gegliedert. Angesichts der erschlagenden Fülle entscheidet man am besten schon vorab, welche Säle man besichtigen will. Dabei hilft Ihnen die Beschreibung der einzelnen Räume auf S. 36–38.

Special

Minoische Kultur

Jedes Stück ein Unikat

Vieles, was in Griechenlands späterer kultureller Blütezeit
geschaffen wurde, haben Archäologen außer Landes geschleppt. So ziert die Venus von Milos den Pariser Louvre, die Karyatide vom Erechtheion und andere Skulpturen vom Athener Parthenon befinden sich im Britischen Museum in London. Ein Schicksal, dem die minoischen Objekte entgangen sind! In seltener und ungewohnter Einheit kann man die Kunstwerke und Kulturgegenstände jener Epoche am Ort ihrer Entstehung bewundern. Doch das ist nicht das einzige, was die Sammlung so außergewöhnlich macht. Hinzu kommt, dass Vergleichbares fehlt. Die Stücke sind von meisterhafter Einzigartigkeit, keines gleicht dem anderen, jedes ist ein Unikat.

Spiegel des Alltags

Aufmerksame Betrachter werden etwas Interessantes entdecken. Die Objekte, ob aufwendig gearbeiteter Goldschmuck wie die Siegelringe mit feinsten Miniatur-Darstellungen von Göttinnen, dekorative, figürlich bemalte Vasen, Tonfiguren, Bronzestatuen, bildgewaltige Sarkophage und die berühmten Fresken aus Knossos, sie alle erzählen von einer friedfertigen, spielerischen, kunstliebenden Kultur, vom Alltag der Bauern und der »höfischen« Gesellschaft. Helden oder Krieger sucht man vergeblich.

▌ Am Eingang erhält man ausführliche Bildführer durch das Archäologische Museum. Der Kauf lohnt sich! Für das Fotografieren gelten dieselben Regeln wie sonst auch in den griechischen Museen (s. S. 98).

Geheimnisvoller Diskos

Die Minoer schätzten vielmehr Tanz und Gesang, das leichte, sinnenfrohe Leben, kultische (Stier-)Spiele und elegant, ja modisch gekleidete Frauen. Sie sind immer wiederkehrende Motive auf Fresken und ein Indiz für die hohe Stellung der Frau innerhalb der Gesellschaft. Doch auch wenn die einzelnen Puzzleteile ein einigermaßen klares Bild des altkretischen Lebens vermitteln, einige Geheimnisse haben die Minoer bewahrt. So ist es bislang noch keinem Wissenschaftler gelungen, die Schrift auf dem Diskos von Phaistos (Saal III) zu entziffern. Was könnten uns diese Hieroglyphen wohl Interessantes über das Leben vor rund 3700 Jahren verraten?

Öffnungszeiten Di–So 8–17 Uhr im Winter, bis 19 Uhr im Sommer, Mo 12.30–17/19 Uhr. Odos Xanthoudidou, Tel. 0 81-22 60 92.

Special
Einkaufen

Hinaus aufs Land ...

Fündig wird man dabei nicht unbedingt in den touristischen Zentren, sondern in kleinen Orten, die man manchmal erst mühsam auf der Landkarte suchen muss.

Tipp Wem Keramiken zu brüchig erscheinen, der sei eines Besseren belehrt. Die Griechen verstehen es meisterhaft, Amphoren, Teller und Tassen sicher zu verpacken.

Thrapsano und Margarites sind traditionelle Töpferorte. Hier entstehen die meterhohen Tonkrüge (Pithoi), die schon vor Jahrtausenden den Minoern als Vorratsbehälter für Wein und Öl dienten.

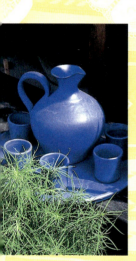

Altes Handwerk neu belebt

Schöne Mitbringsel sind jedoch auch handgewebte Decken und Teppiche. Sie kauft man am besten in Orten wie Anogia und Axos, wo der Webstuhl seit eh und je zum selbstverständlichen Hausinventar gehört. In Kritsa nahe Agios Nikolaos wird, seit die Touristen in Scharen kommen, wieder gehäkelt, was die faltigen Hände hergeben. Doch auch wenn die Frauen des Dorfes ihr Bestes geben, so können unmöglich alle Deckchen und Tücher, die in Kritsa im Winde flattern, in Handarbeit entstanden sein. Genaues Hinschauen und Nachfragen lohnen sich! Denn auch hier mischt sich Echtes mit Fabrikware.

■ Hervorragende Webarbeiten sowie typisch kretische Rucksäcke verkauft **Michalis Manousakis,** Parodos Zambeliou 61, Chania.

Handeln ist Ehrensache

Zweifellos echt sind die derben schwarzen Lederstiefel, die man in Iraklion (Odos 1866) sowie Chania (Odos Skridlof) bekommt. Handeln ist hier durchaus angebracht, will man den Händlern nicht den Spaß verderben. Den haben übrigens auch die Anbieter der Nippesfigürchen, wenn sie zäh um den Preis eines in zarten Alabastertönen gehaltenen, nackten, bogenspannenden Ares feilschen!

■ Antike Stücke sind Vorbilder für den Schmuck, den **Kostas Kounalakis** anbietet. **Pegasus, Agios Nikolaos,** Odos Sfakianaki 5. Ikonen kauft man am besten im **Kloster Chrisopigi,** in der Nähe Chanias. Und wer so weit westlich nicht reist: In Iraklion bietet **Michalis Stergiou** handgemalte Ikonen an. Odos Evgenikou 7.

Shopping auf Kretisch

»Die Götter müssen verrückt sein!« Wer sich enttäuscht abwendet – geblendet vom Anblick Tausender kitschiger Zeus' und Poseidons, der mythologischen Helden mit ihren überdimensionierten Phalli, des ganzen »minoischen« Nippes, der Plüsch- und Trachtenfiguren, die die Auslagen überfüllen –, der sei beruhigt. Der Plunder, der in den touristischen Zentren die Augen schmerzen lässt, hat mit dem vielgerühmten kretischen Kunsthandwerk so gar nichts zu tun.

Made in Taiwan?!

Echtes kretisches Kunsthandwerk (und das heißt in erster Linie handgearbeitete Web- und Häkel-, Töpfer- und Lederwaren sowie filigraner Schmuck und Ikonen) findet man nach wie vor auf megali nisos, der »großen Insel«, wie die Griechen Kreta nennen; man muss nur ein wenig danach suchen und seinen Blick schärfen, um keine billigen Imitate zu erwerben. Denn vieles, was heute als echt kretisch angeboten wird, ist made in Taiwan oder auch einheimische Fabrikware.

▌In den Galerien der **EOMMECH** in Iraklion, Rethimnon und Chania erhält man nicht nur einen Überblick über das vielfältige Kunsthandwerk Kretas, sondern auch Tipps und Adressen seriöser Anbieter.

Special

Wandern

Hitze im Gepäck

Die erbarmungslose Hitze und der Bedarf an Wasser in den Sommermonaten werden häufig unterschätzt, und es ist kein Gerücht, dass auf Kreta schon Wanderer verdurstet sind! In besonders einsamen Gegenden kann es passieren, dass tagelang kein Mensch auftaucht. Auch plötzliche Wetterwechsel, vor allem im Frühling oder Herbst, sind nicht selten. Da man Wegmarkierungen meist vergeblich suchen wird – bei allen zaghaften Bemühungen der Kreter, mittels roter Farbkleckse, die meist verblichen und überwuchert sind, den rechten Weg zu weisen –, ist guter Orientierungssinn gefragt.

> **Tipp** Der mit gelb-schwarzen Schildern gekennzeichnete Fernwanderweg E4 von Kato Zakros im Osten bis nach Kastelli-Kissamos im Westen gehört zu den schönsten Routen. Er ist nur in mehreren Etappen zu bewältigen. Auf der Nida-Hochebene kann man sich entscheiden, ob man die gebirgigere Nordroute einschlägt oder die Südküste entlang weiterwandert. Infos und Kartenmaterial gibt es bei der EOT oder bei den Bergsteigervereinen (s. o.). Allerdings darf man nicht zuviel erwarten: Exakte Kreta-Wanderkarten sind leider nicht auf dem Markt!

Folge nie der Ziege ...

Orientierungssinn haben auf alle Fälle die erfahrenen Berg- und Wanderführer aus den Bergdörfern, die in der steinernen Wildnis jede Felsnase und jede Quelle kennen und ihre Dienste anbieten. Man erkundigt sich im Ort (z. B. im Kafenion) oder beim Bergsteigerverein nach ihnen. Für wen selbst kleine Wandergruppen nicht in Frage kommen, der beherzige zumindest im Fall aller Fälle eine uralte griechische Regel: »Folge nie der Ziege, denn sie führt dich gewiss an einen Abgrund. Folge stets dem Esel, denn er führt dich am Abend sicher in ein Dorf.«

> Einige Reiseveranstalter bieten Wandertouren auf Kreta an, darunter **Studiosus Reisen** und **Richter-Wanderreisen**, Kemeler Weg 15, 56370 Reckenroth, Tel. 0 61 20-86 51. Infos erhält man im Reisebüro oder bei der **G.Z.F.** Wer spontan vor Ort Lust zum Wandern bekommt, wende sich an **Happy Walker** in Rethimnon, Tel. 08 31-5 29 20, **White Mountains Experience** in Chania, Tel. 08 21-6 35 44, oder an **Trekking Plan** in Chania, Tel. 08 21-4 49 46.

Wanderparadies
Kreta

Sie ist und bleibt der Renner: die Samaria-Schlucht, mit ihren 18 km eine der längsten in Europa. Mehrere tausend Menschen stapfen im Sommer täglich im Gänsemarsch durch den Nationalpark und bestaunen die Sideroportes, die »Eisernen Pforten«, jene Stellen, an denen die Steilwände fast bedrohlich nahe aneinanderrücken. Die fünf bis sechs Stunden dauernde Wanderung ist ein Erlebnis – zweifelsohne! Allerdings eines, das rundum organisiert und nur im Tross mit unzähligen anderen Kreta-Urlaubern »zu haben« ist. Passionierte Kreta-Wanderer haben der Samaria-Schlucht darum längst den Rücken gekehrt. Für sie gibt es hier zu viel Rummel, zu viel Vermarktung, zu wenig eigenes Natur-Erleben ... Doch das kann man haben, auch – nein gerade auf Kreta!

Faszination Einsamkeit

Denn megali nisos, die große Insel, ist in weiten Teilen eine einsame Gebirgslandschaft, durchzogen von einem Netz alter Wege und Maultierpfade. Das mythenschwere Ida-Gebirge, die bis in den Sommer hinein schneebedeckten Lefka Ori, das Thripti-Gebirge oder bizarre Küstenstriche am Mirabello-Golf gelten als einsame Wanderparadiese. Vor allem der Frühling, wenn bunte Blumenteppiche die alsbald wieder karge, raue Bergwelt verzaubern, wenn sich Margeriten und Anemonen, Orchideen und Narzissen sachte im Wind wiegen, ist die schönste Zeit für Wanderungen. Doch die Touren bergen auch Gefahren.

Tipp Infos zu Touren beim Griechischen Bergsteigerverein in Iraklion, Tel. 0 81-22 76 09, Rethimnon, Tel. 08 31-2 27 10, oder Chania, Tel. 08 21-2 46 47. Dort spricht man Englisch und hilft Ihnen gerne weiter.

Ferieninsel und Wiege Europas

Kreta ist als Urlaubsziel immer eine gute Wahl. Die vielseitige Insel hat für jeden etwas zu bieten. Wassersportler treffen hier die saubersten Gewässer Griechenlands an. Wanderer finden außer bezeichneten Wanderwegen ein Netz alter Maultierpfade, die durch paradiesische Landschaften, grandiose Schluchten und zu einsamen Bergdörfern führen. Und für alle, die einfach nur die Sonne genießen und Atmosphäre schnuppern wollen, gibt es über 300 Sonnentage im Jahr, einsame und belebte Buchten und Strände, kleine und große Badeorte für Ruhesuchende ebenso wie für Erlebnishungrige. Kreta »ist ein Land inmitten des dunkel wogenden Meeres, schön und fruchtbar und wellenumflutet«, dichtete der griechische Epiker Homer im 8. Jh. v. Chr.

König Minos, so wiederum Homer, herrschte über Knossos und das Labyrinth. Seine Tochter Ariadne gab ihrem Geliebten Theseus ein Garnknäuel, mit dessen Hilfe Theseus aus dem Labyrinth herausfand, nachdem er den Minotaurus, das grässliche Stier-Mensch-Ungeheuer, getötet hatte. Den später eingewanderten Griechen war die minoische Kultur so wichtig, dass sie ihren Göttervater Zeus in einer minoischen Kulthöhle geboren sein ließen. Als Erwachsener verwandelte er sich in einen Stier und entführte die phönizische Königstochter Europa, die Namensgeberin unseres Kontinents, über das Meer nach Kreta.

Knossos und das Archäologische Museum in Iraklion mit seinen einzigartigen Zeugnissen der minoischen Kultur (s. S. 43) sollten sich auch Kulturmuffel nicht entgehen lassen.

Lage und Landschaft

Kreta liegt zwischen Europa, Asien und Afrika. Die »Satelliteninsel« Gavdos ist der südlichste Fleck Europas. Bei 255 km Länge ist die Insel groß und abwechslungsreich genug, dass sich die Touristen nicht auf die Füße treten und der Urlaub interessant gestaltet werden kann. Die Breite Kretas schwankt zwischen 12 km an der »Wespentaille« bei Ierapetra und 62 km bei Iraklion.

Berge, einige davon bis in den Juni hinein schneebedeckt, prägen die kretische Landschaft. Vier Massive gliedern die Insel: von West nach Ost die Weißen Berge (Lefka Ori) mit 2452 m Höhe, das Ida-Massiv mit dem höchsten Berg, dem Psiloritis, mit 2456 m nur vier Meter höher als die Weißen Berge, schließlich das Dikti-Massiv mit 2148 m und die Berge von Sitia mit 1450 m. Die Berge sind im Tertiär entstanden, in der Erdneuzeit, als sich Kreta als Teil des dinarisch-taurischen Gebirgsbogens (Balkanhalbinsel, Taurusgebirge) aufgefaltet hatte. Vorherr-

Erste Hochkultur

Schon zweitausend Jahre vor Homer war auf der südlichsten Mittelmeerinsel die erste Hochkultur auf europäischem Boden entstanden. Die Fresken von Knossos zeigen eine friedliche Welt, eine Welt der Lebenslust, des Sports und des Spiels. Auf Darstellungen abgehobener Herrscher verzichteten die Minoer, dafür bildeten sie lieber prächtig gekleidete und barbusige Frauen ab.

Ferieninsel und Wiege Europas

schendes Material ist Kalkstein, ein maritimes Sedimentgestein, in dem viele Versteinerungen von Meerestieren eingeschlossen sind. Kreta liegt mit seiner Südseite genau an der Grenze der eurasischen und afrikanischen Scholle, was immer wieder zu mehr oder minder starken Erdbeben geführt hat. Daher fallen die Berge an der Südseite auch steil ins tiefe Meer ab, während sie im Norden als sanft abfallende Küstenebenen ins flache Meer auslaufen.

Landschaftliche Besonderheiten sind die über 3000 Tropfsteinhöhlen, wilde, oft unzugängliche Schluchten und weite, fruchtbare Hochebenen.

Klima und Reisezeit

Kreta ist eine Insel für alle Jahreszeiten. Im Sommer sorgt der von Norden kommende frische Fallwind Meltemi für Kühlung, im Winter ist es an der Südküste, wo Bananen und Palmen wachsen, noch immer angenehm warm. Bergwanderungen sollten im Frühling und Spätsommer unternommen werden, wenn nicht die erbarmungslose Hitze herrscht. Auch botanisch Interessierte sowie Kunst- und Kulturreisende werden die Frühjahrs- und Herbstmonate bevorzugen. Da es im Winter und noch bis in den April hinein an der Nordküste empfindlich kalt werden kann und kleine Hotels und Privatzimmer in der Regel keine Heizung haben, sollten Kälteempfindliche an einen Daunenschlafsack oder eine Wärmflasche denken.

Tipp Für Höhlenbesuche und dunkle Ecken in byzantinischen Kirchen ist eine Taschenlampe ratsam, beim Baden von scharfkantigen Klippen aus sind Badeschuhe nützlich.

Natur und Umwelt

Absoluter Naturhöhepunkt Kretas ist der grandiose Nationalpark Samaria, eine der größten und tiefsten Schluchten Europas und ein Refugium seltener Orchideenarten und anderer Raritäten. Kräftig dezimiert sind die einst reichen Waldbestände der Insel. Der Ölbaum ist an ihre Stelle getreten. Mindestens 25 Millionen Bäume sol-

len auf Kreta wachsen. Nicht alle werden abgeerntet, denn der Preis für Olivenöl ist stark gefallen. Weitere häufig anzutreffende Kulturpflanzen sind der Johannisbrotbaum und der Esskastanienbaum, der vorwiegend in Westkreta kultiviert wird (vor allem bei Elos).

Reste der Ursprungsvegetation, Zypressen, Steineichen und Platanen, findet man in den schwer zugänglichen Schluchten an der Südküste. Auch die durch Wilderei vom Aussterben bedrohte kretische Wildziege (Bezoarziege, auch Kri-Kri genannt) hat hier eine sichere Heimat gefunden.

Reich sind auch die Vorkommen an Wildkräutern. Diptam zum Beispiel war schon in der Antike ein Exportschlager, weil er bei Verwundungen das Blut stillt, gegen Gallenleiden hilft und man ihm nicht zuletzt auch eine erotisierende Wirkung nachsagt.

Kreta hat keine Umweltverschmutzung verursachende Großindustrie, nur in den Städten ist die Luft durch die Autoabgase belastet. Kläranlagen werden seit wenigen Jahren in allen

Müllprobleme auf Kreta

Jedes Jahr zerreißen die Winterstürme viele der Plastikplanen, unter denen in Kreta Frühgemüse für die Märkte Mitteleuropas reift. Plastikfetzen, soweit das Auge reicht, und keiner ist in Sicht, der sie jemals entfernen würde. Überall in Griechenland wird mit Plastikverpackungen äußerst großzügig verfahren. Selbst für Kleinsteinkäufe halten die Verkäufer in den Geschäften Plastiktüten kostenlos bereit. Auch das Mineralwasser wird vorwiegend in Plastikflaschen verkauft.

Eine getrennte Müllentsorgung ist zwar vorgesehen, aber noch nicht realisiert. Eine ökologische Partei im Parlament, die Druck in Richtung auf eine ökologische Wende ausüben könnte, fehlt. Zu Anfang der neunziger Jahre stellten die »Ökologen-Alternativen« immerhin eine Abgeordnete im Parlament. Aber eine zu den Wahlen vom Oktober 1993 eingeführte Drei-Prozent-Klausel machte den griechischen Grünen den Garaus. Müll wird nicht nur von kommunalen Betrieben, sondern auch von Privatunternehmern entsorgt. Sie transportieren den Abfall der Dörfer auf Flächen, die die Gemeinde zur Verfügung stellt. Oft wird der Müll einfach verbrannt. Wenn man in Griechenland irgendwo Rauch aufsteigen sieht, ist häufig kokelnder Müll die Ursache. Irgendwann später einmal schiebt man mit Bulldozern Erde darauf, womit das Problem erst einmal »gelöst« ist. Um Kosten zu sparen, schreiten die Dorfbewohner oft auch zur Selbsthilfe. Plastiktüten voller Abfall werden vom fahrenden Auto aus einfach in die nächste Schlucht »entsorgt«.

Zur Vergrößerung der Müllmenge trägt der Tourismus erheblich bei. Hauptsächlich Touristen trinken das Quellwasser, das überall auf Kreta in Plastikflaschen angeboten wird. Kreter haben an ihrer Leitungswasserqualität nichts auszusetzen. Nur in den Großstädten ist es leicht gechlort; die Dörfer haben meist bestes, unbehandeltes Quellwasser.

Ferieninsel und Wiege Europas

Mindestens 25 Millionen Olivenbäume gibt es auf Kreta

Städten nachgerüstet. Viele Gelder kommen im Rahmen eines groß angelegten Programms zur Reinigung des Mittelmeers aus der EU-Kasse.

Mit dem ersten Windpark der Insel bei Toplou hat inzwischen die Nutzung der Windenergie auch auf Kreta Einzug gehalten. Solarenergie wird schon seit langem genutzt, fast jedes Haus hat Sonnenkollektoren zur Warmwassergewinnung.

Bevölkerung – die »Supergriechen«

8000 Jahre Geschichte haben die Kreter geprägt. Unabhängig ist die Insel jedoch selten gewesen. Mit den Römern begann im Jahre 67 v. Chr. die Abfolge der Fremdherrschaften, die bis 1898 andauerten. Und doch ist es

Stellung der Frau

Erst 1983 wurde von der damaligen sozialistischen Regierung das Familienrecht reformiert. Die Eheleute wurden gleichgestellt, das Recht des Mannes auf eine Mitgift als »Entschädigung« für die Heirat abgeschafft. Erst seit dieser Zeit darf man in Griechenland übrigens auch standesamtlich heiraten. Vorher war ausschließlich die Kirche dafür zuständig, heute ist die standesamtliche Heirat neben die kirchliche getreten.
Damit sind jetzt auch Scheidungen leichter möglich. Doch Recht und tatsächliche Praxis sind bekanntlich zweierlei. Auf dem Lande hängt der Wert einer Frau nicht selten immer noch von der Höhe der Mitgift und von ihrer jungfräulichen Ehre ab. Der Mann vertritt die Familie nach außen. Er verlangt jedoch, dass man ihm erotische Abenteuer, z. B. mit Touristinnen, nachsieht.

Besonders drastisch spiegelt sich der griechische Patriarchalismus in der Praxis der Abtreibungen wider. Umfragen und Statistiken aus Krankenhäusern ergaben, dass viele Griechinnen in ihrem Leben mehrere Abtreibungen vornehmen lassen. Nur ca. zwei Prozent der Griechinnen nehmen die Pille, fast 90 Prozent benutzen keine Verhütungsmittel. Dabei ist die Pille in Griechenland ohne Rezept in jeder Apotheke zu haben und um ein Drittel billiger als in Deutschland. Kondome werden selten verwendet, Verhütung gilt eben immer noch als Sache der Frau. Und die griechischen »Kamakia« (Gigolos) in den Touristenorten, die, wie man sagt, Frauen »harpunieren« (to kamaki, »die Harpune«), benutzen Kondome eher zum Schutz vor Aids als aus Verantwortungsbewusstsein ihrer Partnerin gegenüber.

Ferieninsel und Wiege Europas

Hier steht der Oleander in voller Blütenpracht

In einem Kafenion ist das »starke Geschlecht« nach wie vor unter sich

den fremden Besatzern, den Römern, Arabern, Venezianern, Türken und zuletzt – 1941 bis 1945 – den Deutschen, nie gelungen, Kreta und die Kreter restlos zu beugen. Im Gegenteil, der jahrhundertelange Widerstand gegen die Besatzer hat den Charakter der kretischen Bevölkerung geformt. Er äußert sich heute in Patriarchalismus, Stolz, Misstrauen gegen »den Staat« in Athen und einem hoch angesiedelten Ehrgefühl, dem »Philotimo«. Wenn die Ehre gekränkt wurde, kam es noch in jüngster Vergangenheit zur Blutrache. Ausdruck der von Widerstandskämpfen geprägten Vergangenheit ist die kretische Tracht: Schwarz wegen der permanenten Trauer um Angehörige und »um Kreta«, dazu blank geputzte, militärisch anmutende Stiefel und ein Dolch im Gürtel. Ausdruck dafür ist auch der Brauch, dass »ein Kreter eine Feuerwaffe trägt«. Achten Sie in den Kafenia und Tavernen auf Familienfotos, auf denen sich stolze Familienväter mit dem Gewehr in der Hand und mit umgelegtem Patronengürtel in Positur stellen. Oder auf Straßenschilder, die als Zielscheiben dienten und von Kugeln durchlöchert sind. Und wer das Glück hat, an einer Dorfhochzeit teilzunehmen, kann erleben, dass die Männer zum Wohle des Brautpaares Salven in die Luft knallen.

Kreter erkennt man oft schon am Namen. »-akis« ist die typische kretische Endung. Dieses patronyme Suffix, wie die Sprachwissenschaftler sagen, sollte einst zeigen, dass der Sohn vom Vater abstammt. Theodorakis heißt somit »kleiner Theodor«.

Alltagsbräuche und Feste

Das Leben der Kreter ist in einen recht festen Tages- und Jahresrhythmus eingebunden. Für den Bauern beginnt der Tag im Morgengrauen. Er nutzt die Frische des Morgens für die Feldarbeit. Ein richtiges Frühstück, das Kolatsio, wird er erst nach einigen Stunden Arbeit einnehmen. Es besteht aus einigen Oliven, Käse und Brot oder – im Hause – aus warmer Milchsuppe, in die er Brot oder Zwieback eintaucht. Kaffee zum Frühstück ist unüblich; ihn trinkt man, wenn die Sonne zu hoch zum Arbeiten steht, im Kafenion. Man denke also nicht, dass alle griechischen Männer faul sind, wenn man sie am späten Vormittag im Kafenion versammelt sieht. Städter haben ähnliche Gewohnheiten. Hart arbeitende Werktätige nehmen morgens oft Patsas zu sich, eine heiße, stärkende Pansensuppe.

Abends begeben sich die Männer wieder gern ins Kafenion. Ein Junggeselle etwa dürfte nach der Arbeit in »seinem« Kafenion zu finden sein. Er wird seine oder seiner Eltern Wohnung oft als Gefängnis empfinden, wie er sich ausdrücken würde. Im Kafenion trifft er Freunde, Bekannte und Geschäftspartner. Dort werden Verträge abgeschlossen – oft noch per Handschlag, was genauso bindend ist wie die Unterschrift auf dem Papier. Frauen ist der Zutritt ins Kafenion zwar nicht verboten, doch was haben sie in diesem traditionsreichen Männerclub zu melden?

Im Jahresrhythmus wechseln sich kirchliche, patriotische, kulturelle und Familienfeste ab (s. auch S. 28). Taufen, Verlobungen, Hochzeiten, Beerdigungen und Totenfeiern, die Panigiris am Namenstag der Heiligen, die kirchlichen, die Kastanien-, Schnecken-, Orangen-, Wein- und Fischerfeste sind immer ein willkommener Anlass, ausgiebig zu schmausen, zu trinken und ausgelassen zu tanzen. Oft ziehen sich die Festlichkeiten über Tage hin.

Wirtschaft

Rückgrat der kretischen Wirtschaft sind der Tourismus und die Landwirtschaft. Von den ca. 200 000 Erwerbstätigen der Insel arbeitet laut Statistik die Hälfte in der Landwirtschaft. Doch in welchem Maße, ist schwer zu sagen. Manche selbständigen Handwerker geben als Beruf »Bauer« an, um Steuern zu sparen, denn die Kleinbauern gehören zu den steuerprivilegierten Schichten. Und viele Landwirte vermieten im Sommer Zimmer oder arbeiten in den Touristenzentren der Küste. Insgesamt werden auf der Insel ca. 170 000 Betten vermietet. Ein

Spekulationen um die kretische Banane

An der heißen Süd- und Ostküste Kretas können in Griechenland Bananen gedeihen. Um durch Hitzestau den Reifungsprozess noch zu beschleunigen, hängen die Bauern Plastiksäcke über die Bananenstauden. Die in solchem Treibhausklima heranwachsenden tropischen Früchte sind zwar klein, schmecken aber noch besser als ihre wohlgeformten Konkurrenten aus Ecuador oder Kolumbien. Und sie sind verhältnismäßig teuer. Bis vor einigen Jahren schützte die griechische Regierung die kretische Bananenproduktion, indem sie den Import von ausländischen – vor allem den mittelamerikanischen – Bananen untersagte. Dadurch entstand eine solche Nachfrage nach den griechischen Bananen, dass der von der Regierung festgesetzte Preis von den Händlern umgangen werden konnte. Die kretische Banane verschwand von den Märkten und wurde unter der Hand für ca. 10 DM pro Kilo verkauft.
Erst die Öffnung des Marktes für preiswerte Überseebananen hat den Preis inzwischen wieder zurechtgerückt.

Ferieninsel und Wiege Europas

Rot an Rot – Sonnenschirme an einem kretischen »Luxus-Strand«

Großteil der Kreter lebt direkt oder indirekt vom Tourismus. Und das nicht schlecht, immerhin boomt die Branche.

Der klassische Zweig der Landwirtschaft produziert Oliven, Wein, Schaf- und Ziegenfleisch, Joghurt, Honig und Käse. Ein neuerer, rentablerer Zweig liefert Gewächshausgemüse.

Seit dem Eintritt in die EG 1981 sind die Agrarkonzerne der entwickelten EG-Länder für die griechischen Kleinbauern zur ernsthaften Konkurrenz geworden. »Original griechischer Schafskäse« z. B. wird aus den Niederlanden oder aus Deutschland importiert und ist preiswerter als der einheimische.

Ein Preisverfall angesichts billiger Euro-Öle ist auch beim kretischen Olivenöl festzustellen, das neben dem

Schattenwirtschaft

Der griechische Staat hat seine liebe Not mit der Steuermoral seiner Untertanen. Über 50 Prozent der Bürger des Landes sind als »Selbständige und deren Familienangehörige« beschäftigt und haben so die Möglichkeit, Einnahmen undeklariert in die eigene Tasche fließen zu lassen. Experten schätzen sogar, dass 30 bis 50 Prozent des griechischen Bruttosozialprodukts durch Schwarzarbeit erzeugt werden.

Diese Schattenwirtschaft geht nicht in die Statistiken ein, und so klafft ein großer Unterschied zwischen der realen Lebenslage der Griechen und dem, was die Statistik darüber aussagt.

Der Staat versucht nun verständlicherweise, dem Nationalsport Steuerhinterziehung entgegenzuwirken. Er hat sich dazu einiges einfallen lassen: So werden beispielsweise Bauherren erst dann ans Stromnetz angeschlossen, wenn sie nachweisen können, dass Löhne und Versicherungsbeiträge für selbständig arbeitende Bauarbeiter auch ordnungsgemäß abgeführt worden sind. Und Finanzbeamte erscheinen unangemeldet in Hotels und vergleichen Rechnungen und vermietete Zimmer.

Oder das Beispiel Mehrwertsteuer: Als sie am 1. Januar 1988 eingeführt wurde, beantragten 60 000 Kleinunternehmer überhaupt erst eine Zulassung mit Steuernummer. Ohne diese Nummer wären sie nämlich von den Herstellern und Großhändlern nicht beliefert worden.

von Kalamata (Peloponnes) als das beste Europas gilt. Allein das kretische Gewächshausgemüse findet zu guten Preisen Absatz – in Griechenland ebenso wie in der EU.

Verwaltung, Wirtschafts- und Sozialpolitik

Griechenland hat 13 Provinzen, eine davon ist Kreta. Die Provinzen sind in Bezirke *(nomos,* Plural *nomoi)* eingeteilt – auf Kreta vier – und diese wiederum in einzelne Kreise *(eparchia, -ies).* Die unterste Ebene der Verwaltungshierarchie bilden die Städte *(dimos, dimi)* und die Gemeinden *(kinotita, -tes).* Die großen Linien der Politik werden aber nach wie vor in Athen bestimmt. Griechenland ist ein ausgesprochen zentralistisch geführtes Land. Und dies vor allem, was die »Staatsquote« angeht: Der Staat selbst ist zu ca. 50 Prozent am Wirtschaftsgeschehen beteiligt. Die sozialistische PASOK, die seit Oktober 1993 regiert, versucht, die Staatsbetriebe nach sozialpolitischen Maßstäben zu führen: Arbeitsplätze wurden geschaffen, auch wenn sie unrentabel waren; Firmen vor dem Bankrott wurden vom Staat übernommen, um die Arbeitsplätze zu retten, Staatsangestellte erhielten zahlreiche Privilegien.

Ende der 90er Jahre stand die griechische Wirtschafts- und Sozialpolitik ganz im Zeichen der »harten Drachme«. Griechenland hat sein Ziel erreicht: die Teilnahme an der europäischen Währungsunion. Unrentable Staatsbetriebe, wie z. B. das Telekommunikationsunternehmen OTE und die Olympic Airways, wurden und werden (teil)privatisiert, manche Privilegien für Bauern, Beamte und Bankangestellte abgeschafft. So konnte die Inflationsrate von 15 % Anfang der 90er Jahre auf heute 3,6 % gesenkt werden. Nach ihrer Abwertung vom März 1998 wurde die Drachme ins europäische Währungssystem aufgenommen, als Vorstufe zur Mitgliedschaft im Kreis der Euro-Nationen.

Aber immer noch bezieht in Griechenland jeder Fünfte Gelder aus Pensionskassen. Diese Zahlungen machen 18 % des Bruttoinlandsprodukts aus, gegenüber 10 % im EU-Durchschnitt.

Besorgniserregend ist die Lage der Alten. Der Großteil von ihnen bezieht nur die Mindestrente von umgerechnet etwa 600 DM, Bauersfrauen bekommen noch weniger. Eine private Zusatzversicherung kann sich kaum jemand leisten. Viele können nur durch die Unterstützung der gesamten Großfamilie überleben.

Steckbrief

Fläche: 8259 km^2 (ohne die »Satelliteninseln«) – knapp zweieinhalbmal so groß wie Mallorca.
Höchste Berge: Psiloritis, Ida-Massiv, 2456 m; Pachnes, Weiße Berge (Lefka Ori), 2452 m.
Hauptstadt: Iraklion, ca. 140 000 Einwohner.
Bevölkerung: 600 000 Einwohner.
Religion: fast 100 Prozent griechisch-orthodox.
Lebenserwartung: 76 Jahre, wie in Deutschland.
Erwerbsbereiche: 50 Prozent Landwirtschaft, 15 Prozent Industrie, 35 Prozent Dienstleistungen (vornehmlich im Tourismus).
Löhne: ca. 35 Prozent der durchschnittlichen EU-Löhne.

Geschichte im Überblick

Vorpalastzeit
(ca. 6000–ca. 2000 v. Chr.)
7. Jt. v. Chr. Kreta wird im Neolithikum vermutlich von Anatoliern besiedelt.
3000 v. Chr. Weitere Siedler treffen ein. Jäger und Sammler bauen sich feste Siedlungen und betreiben Agrikultur. Zentrum dieser Frühkultur ist die Messara-Ebene.

Ältere Palastzeit
(ca. 2000–ca. 1700 v. Chr.)
Um ca. 2000 v. Chr. entstehen die minoischen Paläste in Phaistos, Knossos, Malia und Kato Zakros.

Jüngere Palastzeit
(ca. 1700–ca. 1450 v. Chr.)
Nachdem die älteren Paläste vermutlich einer Naturkatastrophe zum Opfer gefallen waren, werden auf den Ruinen der alten neue Herrschersitze errichtet. Reichtum und spezialisiertes Handwerk führen zur minoischen Blütezeit.

Mykenische Herrschaft
(ca. 1450–ca. 1150 v. Chr.)
Kreta wird von mykenischen Truppen aus dem Peloponnes erobert. Die Paläste werden zerstört. Allein Knossos und Archanes werden wieder aufgebaut.

Zeit der griechischen Stadtstaaten
(ca. 800–67 v. Chr.)
Nach dem Untergang des mykenischen Reiches (Ursache ebenfalls ungeklärt) kurz nach 1200 wandern dorische Griechen in mehreren Schüben vom Peloponnes her ein.

Römische Zeit
(67 v. Chr.–4. Jh. n. Chr.)
67 v. Chr. Kreta wird römische Provinz.
59 n. Chr. Der Apostel Paulus landet auf dem Weg nach Rom bei Kali Limenes und lässt seinen Begleiter Titus zurück, um durch ihn das Christentum zu verbreiten.

Byzantinische Herrschaft
(395–1204)
395 Mit der Teilung des Römischen Reiches fällt Kreta an Ostrom (Byzantinisches Reich) mit der Hauptstadt Konstantinopel (Byzanz).
726–780 und 815–843 Bilderstreit. Die Ikonenverehrung und -herstellung wird verboten, Klöster und Kirchen werden zerstört, ihre Reichtümer und Ländereien konfisziert.
826–961 Arabische Besetzung Kretas. Die Zerstörung frühchristlicher Kunst und Architektur wird von den Arabern fortgesetzt. Iraklion wird zur Festung ausgebaut.
Ab 961 Durch den Sieg des Nikephoros Phokas gehört Kreta wieder zu Byzanz. Ein ökonomischer Aufschwung setzt ein, viele Kirchen und Klöster werden gestiftet.

Venezianische Herrschaft
(1204–1669)
1204 Kreuzfahrer des Vierten Kreuzzuges erobern Byzanz. Byzantinische Gebiete auf griechischem Boden werden an katholische Feudalherren verteilt. Kreta kommt zu Venedig.
1453 Nach der Eroberung Konstantinopels durch die Türken fliehen griechische Intellektuelle und Künstler nach Kreta (»kretische Renaissance«). Für die Venezianer sind das 16. und 17. Jh. eine Zeit des Niedergangs.

Geschichte im Überblick

Türkische Herrschaft (1645–1898)
1645 erobern die Türken Chania und 1669 nach 21-jähriger Belagerung Candia (Iraklion). Danach verteilen sie das Land der venezianischen Grundbesitzer an die Kreter und siedeln außerdem Türken an.
1770/71 Während des Russisch-Türkischen Krieges 1768–1774 kommt es in griechischen Landschaften zu Aufständen gegen die türkische Herrschaft, die sich im 19. Jh. fortsetzen.
1896/97 Kreta wird mit Hilfe der europäischen Großmächte befreit.

Modernes Kreta (seit 1898)
1898 Prinz Georg, zweiter Sohn des griechischen Königs Georg I., wird Hochkommissar von Kreta (bis 1906). Der kretische Rechtsanwalt Eleftherios Venizelos wird Führer eines kretischen Bündnisses, das die Vereinigung mit Griechenland anstrebt.
1913 Im Ergebnis der Balkankriege gegen die Türkei werden Makedonien und Kreta mit Griechenland vereinigt. Venizelos ist Ministerpräsident und bleibt es bis 1920 und später mit Unterbrechungen von 1924 bis 1936.
1919–1923 Die Expansionspolitik gegen die Türkei wird fortgesetzt. Ein griechischer Angriff führt zur totalen Niederlage. Auf der Konferenz von Lausanne 1923 wird vereinbart, alle Türken aus Griechenland und alle Griechen aus der Türkei zu entfernen. 22 000 Türken verlassen Kreta. 34 000 Griechen siedeln sich dort an.
1936 Griechischer Faschismus. Vom König gebilligte Diktatur unter General Metaxas.
1940 Griechenland schlägt den Angriff Italiens zurück und schließt sich den Alliierten an.
Mai 1941 Schlacht um Kreta, das deutsche Fallschirmjäger erobern.
1941–1945 Deutsche Besetzung Kretas. Kretische Bauern und Partisanen leisten den Deutschen erbitterten Widerstand.
1946–1949 Der griechische Bürgerkrieg gegen die Re-Etablierung der konstitutionellen Monarchie wird auch auf Kreta geführt. Die USA geben seit der Truman-Doktrin von 1947 Militärhilfe für ein prowestliches Griechenland. Die Kommunisten werden 1948 in der Samaria-Schlucht vernichtend geschlagen, und Griechenland ist wieder konstitutionelle Monarchie.
1967–1974 Militärdiktatur. Durch einen Putsch kommt Oberst Papadopoulos an die Macht.
1974–1981 In Griechenland regiert die konservative Nea Dimokratia. Griechenland wird 1981 Mitglied der Europäischen Gemeinschaft.
Ab 1981 In den 80er und 90er Jahren des 20. Jahrhunderts wird Griechenland – nur mit einer Unterbrechung von 1990 bis 1993 – von der sozialistischen PASOK regiert. Regierungspräsident war bis zu seinem Tod im Jahre 1996 Andreas Papandreou; sein Nachfolger ist Konstantin Simitis.
1998 Die Drachme tritt dem Europäischen Währungssystem bei.
1999 Griechenland erfüllt als einziges Land der Europäischen Union nicht die Konvergenzkriterien des EU-Vertrags zur Währungsunion.
2000 Die Politik von »harter Drachme« und »schlankem Staat« zeigt Wirkung: Auch Griechenland wird den Euro bekommen.

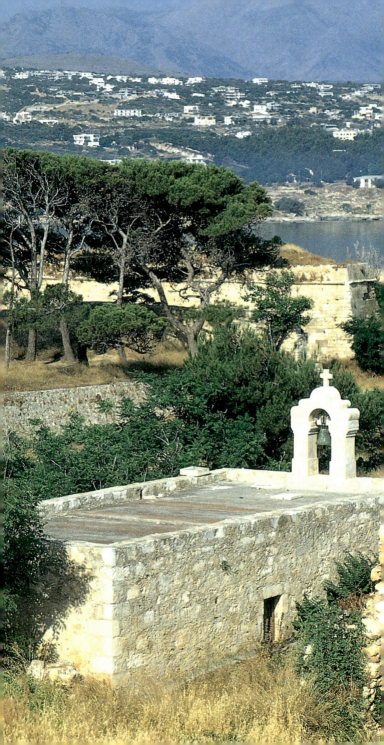

Kultur gestern und heute

Minoische Kunst

Architektur

Die minoische Kultur war auch in technischer Hinsicht eine hoch entwickelte Zivilisation. Die Paläste und die sie umgebenden Städte wurden durch ein Straßennetz miteinander verbunden. Neben den Palaststädten waren in dieses Straßennetz auch kleinere Ortschaften, Fischer- und Bauerndörfer wie Gournia oder Palekastro in Ostkreta, außerdem Heiligtümer und Villen auf dem Lande wie Tilissos oder Vathipetro in Mittelkreta integriert.

Allen diesen Bauten gemeinsam ist die wabenartige Grundkonstruktion: kleine, verschachtelte Räume, vor- und zurückspringende Fronten, verwinkelte Gänge und Lichtschächte. In Knossos gab es ein raffiniertes Kanalisationssystem mit drei verschiedenen Leitungen: eine für Quellwasser, eine für Regenwasser und eine dritte für Schmutzwasser und Fäkalien. Kein Wunder, dass die späteren Griechen diese Architektur, die ja ihrer eigenen, symmetrischen ganz entgegengesetzt war, »labyrinthisch« nannten.

Die Mauern der Häuser und der Paläste waren aus luftgetrocknetem Lehm gebaut und mit Holzfachwerk verstärkt. Unten und an den Ecken lagen Quadersteine aus Kalkstein. Innen waren die Mauern mit einem Putz aus Strohgehäcksel und Lehm oder mit Alabasterplatten verkleidet. Der Putz war manchmal in Freskotechnik bemalt.

Aus der venezianischen Epoche Kretas stammt die Zitadelle von Rethimnon

Allen Palästen sind folgende Bauteile gemeinsam: ein Zentral- und ein Westhof, auf denen rituelle und sportliche Versammlungen stattfanden, zum Beispiel kultische Stierspiele oder kollektive Gebete, wie sie auf Abbildungen zu sehen sind. Auf leicht erhöhten Prozessionswegen bewegten sich Männer und Frauen in Reih und Glied und brachten Opfer dar. Eingetiefte Lustralbäder für kultische Reinigungen (»Katharsis«) finden wir in allen Palästen ebenso wie das Polythyron, eine Front aus Pfeilern und Türen, die man wie in einem Wintergarten je nach gewünschtem Raumklima öffnen und schließen konnte.

Malerei

Abgebildet sind Motive aus der Natur, zum Beispiel Lilien, Affen und Rebhühner in einer Phantasielandschaft. Es handelt sich um eine reine Flächenmalerei; Raumtiefe wird wiedergegeben, indem an allen vier Seiten des Bildes Landschaftselemente dargestellt sind, die auf die Mitte weisen.

Auf repräsentativen Prozessions- und Kultbildern werden minoische Frauen mit weißer und Männer mit roter Hautfarbe dargestellt, die ein Opfer darbringen. Sie tragen Rhyta in der Hand, Spendegefäße mit einem Loch im Boden, das mit der Hand bis zur Darbringung des Spendeopfers abgedeckt wurde. Auf anderen Bildern sitzen oder stehen Gruppen von barbusigen, prächtig gekleideten Frauen beisammen.

Venezianischer Festungsbau

Für die venezianischen Besatzer Kretas stand der Hauptfeind im Osten. Im 16. Jh. glich das Mittelmeer einem *mare turcicum*. Die türkischen Heere standen 1529 sogar vor Wien. 1522

Kultur gestern und heute

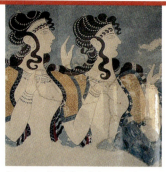

Aus dem minoischen Palast von Knossos: zwei vornehme Damen

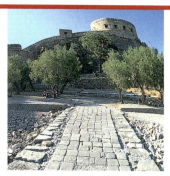

Venezianische Festaungsmauern auf der Felseninsel Spinalonga

war der Ritterstaat der Johanniter von Rhodos gefallen, 1571 war Zypern in der Hand des Feindes. Der Sieg der christlichen Truppen im selben Jahr bei Lepanto am Ausgang des Korinthischen Golfes konnte das Blatt nicht wenden. Kreta war in jenen Jahren eine der letzten christlichen Bastionen im östlichen Mittelmeerraum.

Die Türken besaßen das modernste Kriegsgerät der Zeit, Kanonen, denen 1453 zum ersten Mal in der Weltgeschichte eine bis dahin uneingenommene Festung zum Opfer gefallen war: die Mauern von Konstantinopel, Hauptstadt des Byzantinischen Reiches.

Stefan Zweig hat die Belagerung Konstantinopels in den »Sternstunden der Menschheit«, erschienen bei Fischer und im Insel-Verlag, thematisiert.

Mittelalterliche Festungen mit Pechnasen, Hängebrücken und Zinnen waren nicht mehr auf der Höhe der Zeit. So wurden unter der Leitung italienischer Stararchitekten wie Michele Sanmicheli (1484–1559) die Festungen um die kretischen Städte Iraklion, Rethimnon und Chania und die Inselfestungen Gramvousa, Souda und Spinalonga modernisiert. Die Mauern dieser modernen Festungen

Die Keramik der Minoer

Die Gattung der Kamaresvasen stammt aus der Älteren Palastzeit und ist benannt nach ihrem Hauptfundort, der Kamareshöhle an der Südseite des Ida-Massivs. Kennzeichnend für den Kamaresstil ist die polychrome Bemalung auf dunklem Grund, Motive der Natur sind mit bloßen Ornamenten wie Spirale, Wellenband oder Rosette zu einer harmonischen Einheit verbunden.

In die Jüngere Palastzeit gehören der Florastil und der Meeresstil. Vasen des Florastils sind vollständig mit Blättern und anderen pflanzlichen Motiven bedeckt, Gefäße des Meeresstils bilden Oktopus, Nautilus und sogar Korallen ab. Die Gefäße wurden entweder als Grabbeigaben, als Weihgeschenke in Heiligtümern oder in den Palästen als »Palastgeschirr« gefunden.

Im Innern der Kirche des Klosters Toplou

waren abgeschrägt, um die Wucht der aufschlagenden Kanonenkugeln zu mildern. Ein Glacis (Vorfeld) und ein Wassergraben sollten die Feinde zusätzlich abschrecken.

Blattförmige Bastionen waren den Mauern vorgelagert, damit man die Mauerabschnitte besser kontrollieren konnte. Bisweilen war, wie in Rethimnon, in die Stadtbefestigung noch eine extra stark gebaute Zitadelle integriert. Für die italienischen Renaissance-Architekten und ihre Auftraggeber war eine Festung jedoch nicht nur ein Zweckbau, sondern auch ein ästhetisches Objekt, das die Überlegenheit städtisch-bürgerlicher Zivilisation ausdrücken sollte.

Die sternförmigen, streng geregelten Grundrisse der Festungen gehen auf Überlegungen des Renaissance-Universalgenies Alberti (1404–1472) zurück: Ein Idealstaat solle auch eine ideale Ummauerung haben.

Byzantinische Kunst

Die schönsten Beispiele byzantinischer Kunst findet man auf Kreta in der Panagia Kera bei Kritsa, in der Kirche gleichen Namens an der Zufahrt von Iraklion zur Lassithi-Ebene, in den Klöstern Gonia, Valsamonero und Toplou und im Ikonenmuseum in der Katharinenkirche zu Iraklion.

Alle diese Beispiele stammen aus dem venezianisch beherrschten Kreta.

Die Kuppel der Großen Minaskirche von Iraklion

Kein Wunder also, dass die kretischen Werke von den Kunstauffassungen der Venezianer beeinflusst sind. Je nach Stärke dieses Einflusses unterscheidet man z. B. eine traditionelle Malweise, die sich an den orthodoxen (»rechtgläubigen«) Form- und Inhaltskanon anlehnt, von einer »verwestlichten«, die italienische Inhalte und Formen rezipiert, z. B. den Naturalismus, die Raumtiefe und die Perspektive. Diese verwestlichte Kunst bezeichnet man als »kretische Schule«. Ihr bedeutendster Vertreter war Michalis Damaskinos, der Lehrer El Grecos; sechs seiner Werke befinden sich im Ikonenmuseum in Iraklion.

Die Kirchen sind in der Regel nach dem orthodoxen Bildprogramm ausgemalt, das sich klar in eine vertikale und eine horizontale Hierarchie gliedern lässt.

Die vertikale Hierarchie

In der Kuppel oder, falls nicht vorhanden, im Gewölbe blickt Jesus als Pantokrator (»Allbeherrscher«) streng auf die Gläubigen herunter. Die orthodoxe Kirche betont innerhalb der Zwei-Naturen-Lehre die Gottnatur Jesu, seine Mutter Maria gilt als Theotokos (»Gottesgebärerin«). Im Tambour der Kuppel folgen in der nächsten Zone die Propheten und die Erzengel mit Speeren in der Hand. Letztere, die »himmlischen Heerscharen«, stehen gleichsam als Militär an der Seite des Herrschers Jesus, dieser wiederum kann sozialgeschichtlich als himmlischer Vertreter des byzantinischen Kaisers interpretiert werden – so, wie sich der Kaiser selbst als Vicarius, als Stellvertreter Gottes auf Erden, verehren ließ.

In der Hierarchie folgen die vier Evangelisten Markus, Matthäus, Lukas und Johannes in den Sphärischen Dreiecken, die den Übergang vom Rund der Kuppel zur Vierung des Kirchenschiffs bilden, und, im Gewölbe oder an den Wänden, die Szenen der Passion Jesu – angefangen mit der Verkündigung an der Südseite der Kirche neben der Ikonostase, endend mit dem Marientod gegenüber an der Nordseite. (Orthodoxe Kirchen haben den Altarraum stets im Osten.)

Diesen Passionszyklus nennt man Zwölf-Feste-Zyklus, weil er sich an den Kirchenfesten eines Jahres orientiert.

In der untersten Zone der vertikalen Hierarchie stehen Heilige, Asketen wie der hl. Antonius, Wunderheiler wie die hl. Paraskevi, Märtyrer wie der hl. Georg. Alle sind frontal dargestellt und blicken den Betrachter streng an.

Horizontale Hierarchie

Wichtigster Teil der Kirche ist der Altarraum mit der Apsis, in der oben Maria und darunter die vier kanonischen Kirchenväter der Orthodoxie dargestellt sind: Johannes Chrysostomos, Gregor von Nazianz, Basilius der Große und Athanasius. Es folgen die Ikonostase, die Bilderwand, der Gemeinderaum und zuletzt Ausgang und Vorraum der Kirche, der Narthex. Über dem Ausgang oder im Narthex ist oft das Jüngste Gericht mit den Höllen-

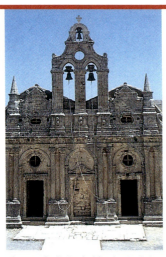

Kloster Arkadi, Symbol für den Freiheitskampf der Kreter

qualen oder dem Paradies zu sehen. Es sollte die Gläubigen vor dem Verlassen der Kirche mahnen, was geschehen könnte, wenn sie sich den Forderungen von Staat und Kirche widersetzen.

Moderne kretische Kultur

Volksdichtung: Mantinades und Rizitika, Musik und Tanz

Mantinades und Rizitika sind komponiert aus rhythmischen Reimpaaren, die zum Streichinstrument Lyra und zum Zupfinstrument Laouto gesungen werden. Die Lieder handeln von Liebe, Schmerz, Krieg und den Sorgen des Alltags. Gesungen werden sie bei Taufen und Hochzeiten, bei den Heiligenfesten – oder im Kreis der *Parea*.

In Hochzeitsliedern wird der Mann gerne als Adler dargestellt. Der Adler ist kühn, stark und tapfer, er übt von hoch oben die Kontrolle aus. Die Braut dagegen ist ein Rebhuhn, klein und hübsch anzusehen, aber nicht sehr beweglich – Rebhühner können nur

Kultur gestern und heute

Zu den populärsten Musikinstrumenten gehört die Busuki

Wer kennt nicht den Filmklassiker »Alexis Sorbas«?

wenige hundert Meter in einem Zuge fliegen.

Haben die Teilnehmer eines Festes ihr Abendessen beendet – meist erst gegen 23 Uhr – und sind Lyra und Laouto in Fahrt gekommen, wird getanzt. Kretische Tänze sind keine Paartänze, sondern Männer wie Frauen fassen sich im offenen oder geschlossenen Reigen zu mehreren an den Schultern oder an den Händen. Vor allem drei Tänze sind zu sehen: der Pentozalis, der Chaniotikos und die Sousta. Am mitreißendsten ist die schnelle Sousta; bei ihr scheint sich nur der Unterkörper der Tanzenden

Alexis Sorbas und der Sirtaki

Der Film »Alexis Sorbas« hat Nikos Kazantzakis und seinen Roman international berühmt gemacht:
Ein »Tintenkleckser«, der lieber ein Buch über die Liebe liest, als sich zu verlieben, schließt hier Freundschaft mit einem kretischen Genussmenschen, der nicht lesen und schreiben, dafür aber tanzen und Frauen verführen kann. Gemeinsam beuten sie als Männer der Tat ein Bergwerk auf Kreta aus, beide knüpfen sie delikate Beziehungen zu Frauen an.
Michael Cacoyannis, ein Hollywood-Regisseur zypriotischer Herkunft, hat 1964 den Film gedreht. In den Hauptrollen glänzen Anthony Quinn als Sorbas, Alan Bates als Tintenkleckser und Irini Papas als attraktive Witwe. Der berühmte »Sirtaki«, den Anthony Quinn tanzte, ist jedoch gar kein kretischer Tanz!
Weil der amerikanische Schauspieler die komplizierten originalen Tänze so schnell nicht lernen konnte, komponierte Mikis Theodorakis im Auftrag des Regisseurs eine einfache Filmmusik, eben den Ohrwurm Sirtaki. Und Touristen, die den Film gesehen hatten, kamen bald scharenweise nach Kreta und fragten nach einem Tanz, den es gar nicht gab! Hotel- und Musikindustriemanager stellten sich jedoch schnell auf ihre Wünsche ein.
Heute wird deshalb auf den »kretischen Abenden« eifrig Sirtaki getanzt, und Kassetten mit der eingängigen Musik sind überall zu haben.

Festekalender

40 Tage vor Ostern: Karneval (besonders ausgelassen in Rethimnon).

Osterwoche: Trauriger Höhepunkt der Osterwoche ist die Epitaphios-Prozession am Karfreitag, fröhlicher Höhepunkt am Samstag um Mitternacht: Der Priester ruft »Christos anésti« (»Christus ist auferstanden«) und reicht eine Kerze aus dem Altarraum. An ihr zünden die Umstehenden ihre mitgebrachten Kerzen an und reichen das Licht weiter an alle anderen. Vor der Kirche wird ein Holzstoß angezündet, auf dem symbolisch Judas verbrannt wird. Mit der Kerze in der Hand gehen alle nach Hause. Weit nach Mitternacht wird die Lamminnereien-Suppe »Magiritsa« verzehrt. Am Ostersonntag drehen sich überall Lammspieße über dem Holzkohlenfeuer.

Die nächsten orthodoxen Ostertermine: 15. April 2001, 5. Mai 2002, 27. April 2003.

März: 25. 3. Nationalfeiertag und Mariä Verkündigung. **Militärparaden und Schulkinder-Umzüge.**

April: 23. 4. Panigiris zu Ehren des hl. Georg bei den Georgskirchen. (Wenn dieser Tag in die Fastenzeit fällt, wird er am Ostermontag gefeiert.)

Mai: 1. 5. Der Tag der Arbeit wird auch als **Frühlingsfest** gefeiert. Blumenkränze hängen an den Haustüren, es wird im Freien gegrillt. 20.–27. 5. In Chania Woche des Gedenkens an die »Schlacht um Kreta« von 1941.

Juni: 24. 6. In vielen Dörfern **Sonnwendfeiern,** zu denen junge Männer über Holzfeuer springen. Gleichzeitig Tag der Geburt Johannes des Täufers.

Juli: 3. 7. Fest des hl. Iakinthos auf der Nida-Hochebene. **27. 7. Wassermelonenfest** in Chersonissos. **Im Juli und August** finden **Weinfeste** in Rethimnon, Iraklion und Dafnes statt, ferner **Konzerte** und **Schauspielabende** in Iraklion; **»Kretische Abende«** in Gavalochori östlich von Chania; **Renaissance-Festival** in Rethimnon; **Lato-Festival** in Agios Nikolaos; **Kulturfestival »Kornaria«** in Sitia.

August: 5.–7. 8. Prozession von Archanes auf den Jouchtas (Verklärung Christi). **10.–15. 8. Lyra-Musik-Festival** in Anogia. **15. 8.** In vielen Orten, Kirchen und Klöstern wird Mariä Entschlafung gefeiert, besonders schön am Kloster Chrisoskalitissa in Westkreta. **Festival des politischen Liedes** in Vamos. Zweite Augusthälfte: dreitägiges **Folklorefestival** in Kritsa. **25. 8.** Große Prozession in Iraklion und in Gortis zu Ehren des hl. Titus.

September: Anfang Sept.: Tag der Fischer von Rethimnon.

14. 9. Kreuzaufstellung auf dem Timios Stavros (= Psiloritis) im Ida-Gebirge. **Traubenfest** auf der Thripti-Alm.

Oktober: 28. 10. Nationalfeiertag, Ochi-(»Nein«-)Tag. Am 28. 10. 1940 widersetzte sich Griechenland dem italienischen Ultimatum zur Kapitulation.

November: 7.–9. 11. Feierlichkeiten am Kloster Arkadi und in Rethimnon zu Ehren des Aufstands von 1866. 11. 11. Fest des hl. Minas, des Schutzheiligen von Iraklion.

zu bewegen, die Schultern bilden eine gerade Linie.

Tipp Wer nicht das Glück hat, privat eingeladen zu sein, hat zwei Möglichkeiten, kretische Tänze zu sehen. Man besucht ein Heiligenfest (s. S. 28) oder (freitags bzw. samstags) eines der »kritika kentra«, der großen Musiklokale, von denen es in den großen Städten mehrere gibt und in denen fast nur Kreter verkehren.

Literatur

Der im Ausland bekannteste Schriftsteller Griechenlands ist der Kreter Nikos Kazantzakis (1883–1957). Als Kind erlebt er die Aufstände gegen die türkische Herrschaft, sein Vater war ein aktiver Kämpfer. Erfahrungen aus dem Freiheitskrieg und religiöses Erleben werden die Hauptthemen seiner späteren Bücher. Schon als Jugendlicher wird er sich der Beschränktheit seiner Religion, der Orthodoxie, bewusst. Er studiert den Buddhismus und das katholische Christentum. Franz von Assisi, der sein Leben den Armen widmete, wird sein Vorbild, ebenso der Maler El Greco, der über die Grenzen Kretas hinausstrebte, ohne seine Herkunft zu verleugnen. Als Männer der Tat verehrt er Lenin und den Wanderarbeiter Alexis Sorbas. Die in viele Sprachen übersetzten Hauptwerke von Kazantzakis sind »Alexis Sorbas« (1946), »Freiheit oder Tod« (1953) und »Rechenschaft vor El Greco«. Letzteres ist eine Autobiographie, geschrieben kurz vor seinem Tod im Jahre 1957.

Ein anderer Repräsentant der kretischen Literatur ist Pandelis Prevelakis, ein Zeitgenosse Kazantzakis'. Seine Bücher handeln von den Türkenkriegen und der Tapferkeit der Kreter. Die wichtigsten Werke sind ins Deutsche übersetzt.

Essen und Trinken

Griechische Küche und kretische Besonderheiten

Die griechische Küche ist rustikal und volkstümlich. Man unterscheidet zwischen der Garküche (Gerichte aus der Kasserolle, die als Fertiggerichte gleich serviert werden können) und der Zubereitungsweise »frisch auf Bestellung« (tis oras), wo es etwas länger dauert.

Estiatorion, Taverne und Ouzeri

Das Estiatorion serviert Speisen von der Warmhalteplatte, die Taverne frisch gegrilltes oder gebratenes Fleisch. Eine Variante der Taverne ist die Psarotaverna, die Fischtaverne, eine Variante des Estiatorions das Magirion. Ins Estiatorion geht man »nur zum Essen«, in die Taverne abends zum Vergnügen. Inzwischen verwischen sich die Gattungen, und es sind noch andere Restaurantarten hinzugekommen: die Pizzeria, die Snackbar, auch (wenngleich noch wenige) ausländische – französische, chinesische, deutsche – Restaurants und schließlich solche mit Vollwertküche.

Neben den Esslokalen gibt es die Ouzeri, in der man Raki oder Ouzo trinkt und dazu Mezedes (Appetithappen) isst. Verschiedene Mezedes auf einem Teller nennt man Pikilia (»bunte Platte«).

Fisch vom Feinsten

Frischen Fisch verstehen die Griechen ausgezeichnet zuzubereiten. Man isst ihn – gewöhnlich gegrillt und mit viel Zitronensaft beträufelt – am besten in den Tavernen in den Hafenorten; dort kann man sicher sein, dass die Fische auch wirklich frisch sind. Allerdings ist

Fisch guter Klasse, den man sich selbst aussucht und der nach Gewicht berechnet wird, teuer, denn die Ägäis ist nicht mehr sehr fischreich.

Vielfalt an Vorspeisen

In der Zubereitung von Vorspeisen sind die Griechen sehr einfallsreich. Die Auswahl an kleinen Gerichten ist so vielfältig, dass sie leicht eine Hauptmahlzeit ersetzen können.

Sehr beliebt sind Taramosalata (zartrosa Kaviarmus), Melitsanosalata (Auberginensalat), Tsatsiki (Joghurt mit frischer Gurke, etwas Zitronensaft und Knoblauch), gebackene Auberginen- oder Zucchinischeiben, Tirosalata (eine Käsepastete), Skordalia (ein Knoblauch-Kartoffelpüree) und Kalamarakia (Tintenfischringe, in Mehl mit Eigelb paniert und gebraten). Allgegenwärtig ist der griechische Bauernsalat (Choriatiki) aus Tomaten, Gurken, Zwiebeln und Feta-(Schafskäse-) Stückchen.

Nachtisch

Als Dessert isst man, wenn vorhanden, gewöhnlich Obst der Saison. Kaffee und Süßes werden traditionell nicht in den Restaurants serviert. Dazu wechselt man ins Zacharoplastion, wo man zu verführerisch-süßen Naschereien einen Kaffee schlürfen kann. Im Galaktopolion werden Milchprodukte, im Kafenion nur Kaffee, Ouzo und Erfrischungsgetränke, aber nichts zu essen angeboten.

Getränke

Wenn Sie in einem »Touristenlokal" nicht explizit griechischen Kaffee bestellen, wird man Ihnen normalerweise Nescafé servieren. Im Sommer, kalt aufgeschäumt als Frappé, ist er zwar sehr erfrischend, stilechter ist jedoch der starke griechische Kaffee, den man ungesüßt (sketo), mit etwas Zucker (metrio) oder süß (gliko) bestellen kann.

Spezialitäten Kretas

Was hat Kreta an lukullischen Besonderheiten? Da sind zunächst die verschiedenen Käsesorten. Der weiche Quarkkäse Anthotiro schmeckt etwas salziger als Mizithra, aber nicht so salzig wie Feta. Bröcklig und hart ist dagegen der Kefalotiri. Beide Sorten – hochwertige Produkte in Bioqualität, die ihren Preis haben – werden von den Schaf- und Ziegenzüchtern in den Bergen Kretas hergestellt. Zum Anthotiro oder Kefalotiri essen die Bauern in abgelegenen Gebieten, wo der nächste Bäcker weit ist, Paximadi, ein schrothaltiges getrocknetes Brot (Zwieback), das vor dem Verzehr in Wasser eingeweicht werden muss.

Tipp Eine besondere kretische Spezialität sind die kleinen, wohlschmeckenden **Bananen,** die bei Arvi und Zakros angebaut werden und teurer als ihre großen gelben Konkurrenten aus Mittelamerika sind (siehe auch S. 17).

Unter den nichtalkoholischen Getränken zählen die Bergtees zu den kretischen Spezialitäten. Malotira (male und tirare: »der die Übel herauszieht«) und Diktamus lindern alle möglichen Schmerzen. Diktamus (Diptam) dient zusätzlich als Aphrodisiakum.

Der kretische »Nationalschnaps« ist der Raki, ein nichtaromatisierter Tresterschnaps, der als bewährtes Allzweckheilmittel gilt. Gern wird er zur Begrüßung angeboten. In »vornehmen« Hotelbars und Touristenorten findet man ihn nicht. Er wird in erster Linie für den Hausgebrauch hergestellt – wenn möglich, brennt man sich den Raki selbst.

Essen und Trinken

Speisefische sind rar geworden – auch auf Kreta

Ähnliches gilt für die rötlichen Landweine Kretas, die in jedem Dorf anders schmecken. Sie werden als Fassweine aber nur von den Wirten ausgeschenkt, die die Tradition aufrechterhalten wollen, denn die Verdienstspanne ist bei den Flaschenweinen größer. Man frage deshalb in den

Hochzeitskringel kann man nicht nur auf Hochzeiten probieren

Dorftavernen nach »chima« oder nach »krassi apo to vareli«, offenem Wein vom Fass.

Wegweiser zum guten Restaurant

Griechische Restaurants sind amtlich in Kategorien eingeteilt – von Luxusklasse mit sauberen Tischdecken, Butterbeilage, Kerzenschein und vielleicht Fischernetzen an den Decken bis zum einfachen Lokal, wo man unter grellem Neonlicht auf abwischbaren Plastiktüchern isst. Allerdings sagt die Kategorie noch nichts über die Qualität des Essens aus, sondern nur über die Ausstattung des Lokals.

Dass mit Touristen »die schnelle Drachme« zu machen ist, diese Erfahrung haben griechische Gastwirte auch schon gemacht. Beschwerden von Touristen über »viel zu viel Olivenöl« kommen sparsamen Wirten gerade recht. Dann wird das kostbare Olivenöl eben mit billigem Sonnenblumenöl aus der EU-Überproduktion verdünnt oder ganz weggelassen. Touristen meckern nicht über Tiefkühlkost, Erbsen aus der Konservenbüchse oder über vorgeschälte Pommes frites aus der Fabrik, weil sie es aus ihrer Heimat nicht anders kennen. Doch darüber rümpfen Griechen die Nase.

Wenn Sie also in einem Restaurant sitzen, das auch im Winter geöffnet hat (und dann auf griechische Kundschaft angewiesen ist), wenn das Brot frisch ist, wenn der Bauernsalat für zwei Personen reicht und Sie das reine Olivenöl herausschmecken, wenn nicht Reis und Kartoffeln als Kombibeilage neben dem Souvlaki liegen, und wenn es sogar offenen Wein gibt, dann ..., ja dann sind Sie bestimmt im richtigen Lokal!

Urlaub aktiv auf Kreta

Wandern, Bergsteigen

Die detailliertesten Wanderkarten sind im Harms-Verlag erschienen: fünf Einzelblätter im Maßstab 1:50 000. Ganze Routen sind ausführlich beschrieben in zwei Bänden (Kreta-Ost und -West) des Bergverlages Rother (Autoren: G. Hirner und J. Murböck). Alte Maultierpfade, das ehemalige Verkehrsnetz, das sich über die ganze Insel zieht, bieten sich zum Wandern an.

Organisierte Möglichkeiten zum Wandern und Bergsteigen offerieren zahlreiche deutsche Reiseveranstalter und auf Kreta die Firmen Happy Walker, Rethimnon, Tel. 08 21/4 49 46, sowie White Mountains Experience, Chania, Tel./Fax 08 21/6 35 44. Detaillierte Informationen erteilt auch der Griechische Bergsteigerverein EOS in Iraklion, Tel. 081/22 76 09, Rethimnon, Tel. 08 31/5 77 66 oder 2 36 66 und Chania, Tel. 08 21/2 46 47.

Neben der berühmten Samaria-Schlucht bieten sich die Imbros- und die Agia-Irini-Schlucht für Wanderungen an.

Das unerschlossenste, wildeste Wandergebiet bildet die Weißen Berge (Lefka Ori), deren höchste Erhebung mit 2452 Metern der Pachnes ist. Für den Wanderer, der sich nicht auskennt, können sie jedoch gefährlich werden. Keine Karte zeigt hinreichend genau die unmarkierten Maultierpfade, die von den Dörfern am Fuße der Berge zu den Käsereien der Hirten auf den Hochebenen führen.

Zusätzliche Schwierigkeiten bereitet die Tatsache, dass die zahlreichen kegelförmigen Gipfel des Massivs »alle gleich aussehen«. Wasser findet man nur in den Zisternen der Hirten. Bis in den Juni hinein kann in den Bergen Schnee liegen.

Übersichtlicher und damit auch ungefährlicher ist das Ida-Massiv (Oros Idi) mit dem höchsten Berg Kretas, dem Psiloritis (2456m). Ihn zu besteigen, kann man an einem Tag schaffen.

Tipp Seit einigen Jahren werden auf ganz Kreta alte Maultierwege als **Wanderwege** wieder in Ordnung gebracht und ausgeschildert. Der Europa-Wanderweg 4 führt von Nordgriechenland über den Peloponnes nun weiter von West- nach Ostkreta. Informationsbroschüren hierzu findet man in den Fremdenverkehrsbüros (s. S. 100).

Wassersport

Vor allem aber ist Kreta ein Paradies für die Wassersportler aller Couleur. Surfen, tauchen, Wasserski fahren oder mit dem Gleitschirm fliegen kann man in allen Touristikzentren und an vielen Stränden. Die kretischen Gewässer gelten als die saubersten Griechenlands.

Ausgewählte Adressen für Wassersportzentren: Mistral Surf-Schule in Plaka bei Elounda (hier verfügt man über die neuesten Geräte); Tauchkurse bei Poseidon's Dive Inn, Hotel »Peninsula«, Agia Pelagia, Tel. 081/81 13 13, Fax 81 12 91; Tauch-, Surf- und Segelkurse bei Overschmidt International, Münster, Infos in Deutschland: Tel. 02 51/29 75 00.

Fahrradtouren

Beste Möglichkeiten, allerdings mit viel Auf und Ab, bieten sich auf den

Urlaub aktiv auf Kreta

Auch Gleitschirmfliegen ist auf Kreta möglich

zahlreichen kaum befahrenen Nebenstraßen und nicht asphaltierten Feldwegen.

Organisierte Touren mit unterschiedlichen Schwierigkeitsstufen werden von Hellas Bike Travel angeboten. Infos in Rethimnon unter Tel. 08 31/7 10 0 bzw. Fax 7 16 68. In den Küstenorten werden Räder vermietet.

Tennis

Ein großes Programm an Tennisschulen bzw. -kursen hat die Insel zwar nicht zu bieten, doch unterhalten etwa fünfzig kretische Hotels Tennisplätze mit Sandboden oder Hartplätze.

Reiten

Reitkurse sowie Ausritte für Touristen werden von den Reitschulen in Limin Chersonissou, Malia und Agios Nikolaos angeboten. Detaillierte Auskünfte erteilen die örtlichen Tourist-Informationen.

Unterkunft

Hotels und Privatzimmer

Die Hotels sind in sechs Kategorien eingeteilt: Luxus, A, B, C, D und E. Die Übernachtungspreise müssen in Griechenland behördlich genehmigt werden und hängen in der Regel im Zimmer aus.

Die in diesem Band genannten Preise beinhalten kein Frühstück und können sich zudem in der Hauptsaison erhöhen. Die Preise in der Nebensaison sind je nach Aufwand und Nachfrage niedriger. Wir fassen die Hotels hier in drei Klassen zusammen: Luxus und A (○○○), B und C (○○), D und E (○).

Das Niveau der Privatzimmer reicht von B-Klasse bis zur Kammer. Je nach Qualität und Saison zahlt man 6000–12 000 Dr pro Doppelzimmer. Die Zimmervermieter warten oft an Busbahnhöfen oder am Hafen auf Gäste. Gefällt das Zimmer nicht, so bleibt man eben nur eine Nacht und sucht sich am nächsten Tag ein besseres.

Camping

Es gibt auf Kreta ca. 20 Campingplätze (Adressen beim Fremdenverkehrsamt, s. S.100). Schattige Stellplätze und gepflegte Sanitäranlagen sind rar, so dass nur eingefleischte Camper an dieser Urlaubsform Gefallen finden.

Jugendherbergen

Sie sind keine echte Alternative, da sie preislich nicht unter Billigpensionen mit Mehrbettzimmern liegen. Empfehlenswert ist allein die Herberge in Mirthios bei Plakias.

Reisewege und Verkehrsmittel

Nach Kreta

Flugzeug
Von März bis Oktober sind Charter-Direktflüge die bequemste und preiswerteste Anreisemöglichkeit. Linienflüge gibt es nicht. Man kann jedoch mit Lufthansa nach Athen fliegen und von dort mit Olympic Airways nach Kreta. Flughäfen haben Chania, Iraklion und Sitia (nur nationale Flüge).

Schiff
Autofähren verkehren ab Ancona, Bari, Brindisi, Otranto und Venedig nach Patras. Von dort fährt man mit Bahn, Bus oder Auto nach Piräus, von wo aus täglich mindestens zwei Fähren nach Iraklion und eine nach Chania (Souda) ablegen. Rethimnon wird ebenfalls täglich angelaufen. Fahrtdauer: ca. 12 Stunden.

Ferner bestehen die Verbindungen Githion (Peloponnes) – Kastelli Kissamou und Thessaloniki – Iraklion. Aktuelle Fahrpläne verschickt die Griechische Zentrale für Fremdenverkehr (s. S. 100). Internet: www.gtpnet.com.

Informations- und Buchungsstellen in Deutschland für die Italienfähren und die Verbindung Piräus – Kreta sind z. B. IKON, München, Tel. 089/5 50 10 41 (Generalagent ANEK), und Seetours, Ffm., Tel. 0 69/1 33 32 62 (Generalagent Minoan Lines).

Auto
Am bequemsten ist die Anreise über Italien. Benzin ist in Griechenland etwas billiger als in Deutschland. Das Tankstellennetz auf Kreta ist ausreichend. Die grüne Versicherungskarte sollte man unbedingt mitnehmen. Den Pannendienst ELPA erreicht man landesweit unter Tel. 104. ELPA-Büro in Iraklion: Tel. 081/28 94 40.

Bahn
Am bequemsten reist man ebenfalls über Italien. Von verschiedenen italienischen Fährhäfen setzen Schiffe nach Griechenland (Igoumenitsa) über.

Linienbus
Busreisen sind die preiswerteste Möglichkeit. Auskunft: Deutsche Touring, Tel. 0 69/7 90 32 88, Fax 7 90 32 19.

Auf Kreta

Linienbusse
Zwei Gesellschaften teilen sich den Überlandverkehr, die KTEL Iraklion/Lassithi und die KTEL Rethimnon/Chania. Zwischen den großen Städten und zu den Touristenorten verkehren die Busse etwa stündlich, in einsame Dörfer dagegen nur ein- bis zweimal täglich. Die Fahrpreise sind niedrig.

Taxi
Die Taxipreise sind ebenfalls niedrig. Vier Personen können unter Umständen preiswerter als mit dem Linienbus reisen. Verhandeln Sie vor der Fahrt möglichst nicht über den Preis, billiger als mit eingeschaltetem Taxameter werden Sie nicht ans Ziel kommen. Dorftaxis mit der Aufschrift »Agoraion« haben allerdings kein Taxameter; sie fahren nach festen – nach wie vor preiswerten – Tarifen.

Mietfahrzeuge
Die Fahrzeuge sind vollkaskoversichert, aber immer nur mit einer Eigenbeteiligung des Mieters. Schäden an der Unterseite und am Auspuff sind öfters nicht mitversichert — Vorsicht also auf schlechten Straßen!

*Iraklion

Betonwüste – aber »Kreta authentisch«

Halbfertige Betonskelette ragen in den vom Smog leicht getrübten blauen Himmel Kretas, der Verkehr staut sich in den viel zu engen Straßen – der erste Eindruck von Iraklion (140 000 Einw.), Ankunftsort der meisten Kreta-Einsteiger, fällt eher ungünstig aus. Wer jedoch nicht nur eine Nacht bleibt, wird auch seine verborgenen, schönen Seiten entdecken: stille Altstadtwinkel, wo sich verwilderte Katzen sonnen, lebhafte Geschäftsstraßen mit mehr Kretern als Touristen, traditionelle Kafenia und echt kretisches Nachtleben in einem der vielen Lyra-Lokale: wahrlich ein Erlebnis – keine inszenierte Folkloreshow im Touristenhotel.

Blick über Kretas Hauptstadt: eine etwas chaotische Architektur

Außerdem liegen in und bei Iraklion die Hauptsehenswürdigkeiten Kretas, das Archäologische Museum mit den einzigartigen Funden der minoischen Kultur und der Palast von Knossos.

Geschichte

Iraklion war mit einer Unterbrechung von 1850 bis 1972 stets Hauptstadt von Kreta. Vom Palast des venezianischen Statthalters und seines türkischen Nachfolgers ist allerdings nichts mehr erhalten, er stand in der Nähe des Löwenbrunnens.

Das antike Iraklion ist nach Herakles benannt, dem griechischen Helden schlechthin. Als die Araber 828 Kreta eroberten, befestigten sie die Stelle der antiken Stadt und nannten sie Rabd el Kandak (arabisch »Festungsgraben«). Daraus machten dann die Venezianer ab 1204 Candia und etablierten hier ihren »Duca di Candia«. Nach der 21-jährigen Belagerung durch die Türken (1648–1669) fiel Iraklion dann als letzte kretische Stadt an das Osmanenreich. Heute ist sie ein Klein-Athen, ein Zufluchtsort für Arbeit suchende Landbewohner.

Das ***Archäologische Museum Iraklion (AMI) ❶

Dass in diesem Museum alle Meisterwerke der ersten Hochkultur Europas versammelt sind, ist keineswegs selbstverständlich. Denn die Kunstwerke der späteren klassischen und hellenistischen Kultur Griechenlands sind heute in vielen Museen über die ganze Welt verstreut. Warum ist Kreta da ein Sonderfall?

Wie im übrigen Griechenland waren es auch hier ausländische archäologische Missionen, die erste systematische Grabungen durchführten. Engländer gruben in Knossos und in den Zeushöhlen, Amerikaner in Gournia, Italiener in Phaistos, Franzosen in Malia. Als diese Grabungen aber um

1900 begannen, war die Zeit vorbei, dass griechische Antiken in die großen europäischen Museen »entführt« werden konnten. Nachdem Kreta 1898 selbstständig geworden war und ab 1913 zu Griechenland gehörte, war der großzügige Antikenausverkauf nicht mehr zugelassen.

Tipp Wer nicht übermäßig viel Zeit hat, besucht das Museum am besten am Nachmittag (dann ist es leerer), macht zwischendurch eine Pause im Museumsgarten oder -café und beschränkt sich auf die wichtigsten Funde.

Saal II: Ältere Palastzeit (2000 bis 1700 v. Chr.)
Bemerkenswert ist die hauchdünne *»**Eierschalenkeramik**« (Vitrine 23), die höchstes Töpferkönnen voraussetzt. Interessant auch das ***Stadtmosaik** von Knossos (Vitrine 25), das die Fronten der minoischen Stadthäuser zeigt. Nach diesem Mosaik haben wir heute eine Vorstellung vom Aussehen der Häuser in Gournia. Evans rekonstruierte nach ihm den Palast von Knossos.

Saal III: Ältere Palastzeit
Die Entzifferung des ****Diskos von Phaistos** (Vitrine 41) ist noch nicht gelungen. Hieroglyphische Zeichen bewegen sich spiralförmig vom Rand zur Mitte hin. Es ist eine gegenständliche Schrift, wie sie die Ägypter hatten. Die Ideogramme zeigen z. B. einen Kopf mit aufrecht stehenden Haaren (»Punk-Frisur«), einen fliegenden Vogel oder einen laufenden Mann in kurzer Hose.

Saal IV: Jüngere Palastzeit (1700 bis 1450 v. Chr.)
Die bar- und vollbusigen ****Schlangengöttinnen** (Vitr. 50) waren wohl als Göttinnen verkleidete Priesterinnen. Ihre Taille ist eng geschnürt, ihr Glockenrock weit ausgestellt. Schlangen winden sich um Kopf und Körper und in den ausgestreckten Händen. Sie symbolisieren offenbar die schwer beherrschbare Macht der Erde, der Natur und des Todes und vielleicht auch, weil sie sich häuten, eine Wiedergeburt.

> Seite 39

Saal V: Jüngere Palastzeit
Vitrine 70 A: Das **Hausmodell von Archanes.** Es vermittelt einen plastischen Eindruck vom Aussehen der minoischen Landhäuser und Stadtvillen mit ihren Balkons und Lichthöfen.

Saal VII: Jüngere Palastzeit
Hier stehen die berühmten drei Vasen aus schwarzem Chlorit, die in Agia Triada gefunden wurden. Das ***Boxerrhyton** zeigt Boxszenen und einen misslungenen Stiersprung: Der Athlet wird vom Horn des Stieres durchbohrt. Die ****Schnittervase** zeigt eine lustige Alltagsszene: Ein Trupp von Erntearbeitern zieht singend und offensichtlich angeheitert mit Ährenbündeln auf den Schultern vorbei. Einer der Männer stolpert, ein anderer dreht spöttisch den Kopf nach ihm um. Auf dem so genannten ***Prinzenbecher** schließlich salutiert ein Untergebener vor einem Vorgesetzten. Ihm werden Tierfelle überreicht, die von drei Männern getragen werden.

Unter den Goldschmiedearbeiten bezaubern die ***Bienen von Malia,** die einst den Hals einer minoischen Dame zierten (Vitrine 101): Zwei Bienen tragen einen Tropfen Honig in eine Wabe.

Saal VIII: Funde der Jüngeren Palastzeit aus Kato Zakros
Ein edles ****Rhyton** aus Bergkristall (Vitrine 109) und ein weiteres, stark ergänztes ***Rhyton** mit der Abbildung

eines Gipfelheiligtums mit Bergziegen (Vitrine 111; Rekonstruktion an der Wand) beeindrucken ebenso wie der schwarze *Stierkopf (Vitrine 116), ebenfalls ein Opfergefäß (Rhyton): Der Kopf hat im Maul ein Ausgießloch.

Obergeschoss (Freskenabteilung)
Die in den Sälen XIV–XVI gezeigten minoischen **Fresken – sie stammen alle aus der Jüngeren Palastzeit – sind nur sehr fragmentarisch erhalten und daher stark ergänzt worden. Die Bezeichnungen gab ihnen Arthur Evans.

Die Mitte des Freskensaals beherrscht der berühmte, vollständig bemalte **Kalksteinsarkophag von Agia Triada: 1. Langseite: Priesterinnen opfern einen Stier. Ein Mann spielt auf einer Flöte die Musik dazu. 2. Langseite: Frauen gießen eine Opferflüssigkeit in ein Gefäß, das zwischen zwei Doppelaxtständern steht. Rechts daneben bewegt sich eine Prozession

Minoische Doppeläxte aus Nirou Chani

dreier Männer, die Tiere und ein Bootsmodell tragen, auf eine weiß gekleidete, armlose Gestalt zu. Man weiß leider nicht genau, was sich da abspielt.

Am Saalausgang steht ein modernes Holzmodell des Palastes von Knossos. Besser als im Original erkennt man an ihm seine Ausdehnung und Struktur.

Links an der Wand in Saal XV sieht man das **Miniaturfresko.** Die Darstellung wird gern als Beleg für die Matriarchatsthese genommen: Frauen, wahrscheinlich Priesterinnen, mit erhobenen Händen zelebrieren einen Kult, vielleicht die Epiphanie einer Gottheit. Männer umrahmen die Szene und akklamieren.

Einige Meter weiter die viel bewunderte **Kleine Pariserin**. Evans assoziierte die sorgfältig geschminkte und gut frisierte minoische Dame mit den Damen der Gesellschaft im Paris der Belle Époque.

Der zwischen Papyrus- und Lotuspflanzen agierende **Blaue Affe** (Saal XVI) hieß früher »Krokuspflücker«, denn Evans hatte die spärlichen Fragmente so angeordnet, dass ein Mann eine Krokusblume pflückte. Der griechische Archäologe N. Platon setzte dann aus den Fragmenten einen Affen zusammen – ein Beispiel dafür, wie unsicher sich oft auch die Archäolo-

> **Kühnes Kunststück**
>
> In Saal XIV hängt an der Wand gegenüber dem Prozessionsfresko von der Westfassade des Palastes von Knossos das **Stiersprungfresko** (Nr. 14). Dargestellt sind drei Phasen des Sprunges oder auch drei verschiedene Springer in gemeinsamer Aktion: 1. eine Frau (!) ergreift den heranstürmenden Stier bei den Hörnern, 2. ein Mann macht einen Salto über den Stier, 3. nach einer Pirouette kommt eine Frau mit erhobenen Armen wieder zum Stehen. Ungeklärt ist, ob der Stiersprung eine kultische oder eine sportliche Handlung darstellte – falls es ihn so überhaupt gab.

Iraklion

gen beim Puzzle der Bildfragmente sind (Öffnungszeiten: Di–So 8–17 Uhr im Winter, bis 19 Uhr im Sommer, Mo 12.30–17/19 Uhr).

Von der Dädalou zum venezianischen Hafen

In der **Dädalou** ❷, der »Tavernen- und Einkaufsgasse« nur für Fußgänger, findet man viele Schmuck- und Souvenirgeschäfte, einige gute Tavernen, Pizzerias, Eisbars und Cafés.

Die Gasse mündet auf den **Venizelosplatz** ❸ mit dem venezianischen Löwenbrunnen (Morosinibrunnen). Der dreieckige, lauschige Platz ist Treffpunkt der Jugend von Iraklion, die sich allabendlich zur Zeit der Volta bei den »Leontaria« (Löwen) verabredet.

Die einstige Kathedrale der Venezianer gegenüber ist nach ihrem Stadtheiligen Markus benannt. Die Basilika ist heute ein Ausstellungsraum für Kopien berühmter Fresken aus Kirchen Kretas.

Seite 39

Die venezianische **Loggia** ❹ wurde 1626–1628, etwa zur Zeit des Löwenbrunnens, errichtet. Sie diente den venezianischen Adligen als eine Art Clubhaus und ist architektonisch ein schönes Beispiel einer venezianischen Villa im Stile Palladios.

In der Vorhalle sind Medaillons berühmter Kreter angebracht: Knossos-

❶ Archäologisches Museum
❷ Dädalou
❸ Venizelosplatz
❹ Loggia
❺ Hafen
❻ Hafenfort
❼ Historisches Museum
❽ Marktgasse
❾ Katharinenplatz
❿ Kazantzakis-Grab

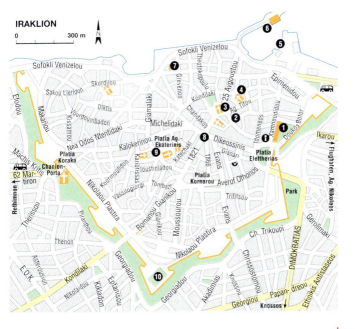

Iraklion

Der Fischerhafen von Iraklion kann auch heute noch fast idyllisch aussehen

Entdecker und erster Ausgräber Minos Kalokärinos, El Greco und sein Lehrer Michalis Damaskinos, der Dichter und Nobelpreisträger Odisseas Elitis und die Schriftsteller Vitzenzos Kornaros und Nikos Kazantzakis.

Die **Tituskirche** hinter der Loggia ist ein Architektur-Mix: Eine türkische Kuppelmoschee wurde in eine christlich-orthodoxe Kirche zurückverwandelt. Islamisch sind jedoch noch die Arabesken, die »Eselsrücken« über den Fenstern und die Stalaktitgewölbe im Narthex.

Der venezianische **Hafen ❺** wird als Fischer- und Jachthafen genutzt. Ein Blick in die venezianischen Arsenale lohnt sich ebenso wie der Besuch des Hafencafés, wo man nah am Wasser den Blick auf das abends erleuchtete venezianische **Hafenfort ❻** genießt. An seiner Außenseite sind drei Markuslöwen angebracht. Im Innenhof finden gelegentlich Theatervorstellungen statt (Öffnungszeiten: Mo–Sa 8.30–18 und So 10–17 Uhr).

Unter Einheimischen isst man preiswert frischen Fisch im **Steki ton psaradon** (»Fischerheim«) im alten Kühlhaus am Hafen gegenüber der Busstation. ○

Vom Historischen Museum zum Katharinenplatz

Das **Historische Museum ❼** ist im einstigen, klassizistischen Wohnhaus des reichen Kaufmanns Minos Kalokärinos untergebracht, der 1878 Knossos entdeckte. Das Museum enthält Objekte der nachklassischen Epochen Kretas. Im Obergeschoss sind die deutsche Besatzungszeit 1941–1945 und ihre Greuel dokumentiert; hier sieht man auch das nachgestellte Arbeitszimmer von Nikos Kazantzakis und Ausgaben seiner Bücher (Öffnungszeiten: Mo–Fr 9–17, Sa 9 bis 14 Uhr).

Wer sich für Kazantzakis interessiert, sollte auch das ihm gewidmete Museum in Mirtia bei Archanes und die Kazantzakis-Dokumentation im Volkskundemuseum in Agios Georgios auf der Lassithi-Ebene besuchen.

Im Gedränge der **Marktgasse ❽** (Odos 1866) und in den schmalen Seitengassen mit dem Obst- und Gemü-

Iraklion

Die Ikonen im Innern der Kathedrale lohnen die Betrachtung

Warten auf Kundschaft: Markt in der Odos 1866

semarkt, den Souvenirgeschäften, den Tavernen und Handwerksläden kommt Basaratmosphäre auf. Hier kann man günstig Gewürze erstehen, kretischen Joghurt aus Tontöpfen probieren oder sich beim Schuster auf der Straße die abgelaufenen Hacken erneuern lassen.

Am oberen Ende der Marktgasse, an der **Platia Kornarou**, steht der venezianische **Bembobrunnen** mit einem kopflosen römischen Togatus aus Ierapetra. Daneben lädt ein türkisches Brunnenhaus, heute Mini-Kafenion, zum Verweilen ein.

Am **Katharinenplatz** ❾ *(Platia Agia Ekaterini)* lohnt das ***Ikonenmuseum** mehr als einen kurzen Blick. Es befindet sich in der 1555 gegründeten Kirche **Agia Ekaterini,** der ehemaligen Kirche des Katharinenklosters, das zu Zeiten der »kretischen Renaissance« unter den Venezianern vom Katharinenkloster der Sinai-Halbinsel als Kirchliche Hochschule geführt wurde. Hauptattraktion des Museums sind sechs Ikonen von Michalis Damaskinos im italo-byzantinischen Stil der kretischen Malschule (Öffnungszeiten: Mo–Sa 9–13 Uhr, Di, Do u. Fr auch 17–20 Uhr. So u. Fei geschlossen).

Weitere Besuchsziele auf dem Katharinenplatz sind die **Große** und die **Kleine Minaskirche.** Der Soldatenheilige Minas ist der Schutzherr Iraklions, die große Kirche, ein klassizistischer Bau vom Ende des 19. Jhs., ist seit 1895 orthodoxe Kathedrale der Stadt. Der Innenraum ist mit neueren Wandbildern (80er Jahre) vollständig ausgemalt. Dargestellt ist das übliche byzantinische Bildprogramm mit dem Passionszyklus in der Gewölbezone und den Heiligen in der unteren Wandzone. Die Kleine Minaskirche stammt aus dem 15. Jh. Im Innern kann man eine prächtige, vergoldete Ikonostase mit Weinrankenmuster aus der turkokretischen Zeit des 18. Jhs. und einige wertvolle Ikonen bewundern.

Das Grab Kazantzakis' ❿

Der 1957 in Freiburg im Breisgau verstorbene Dichter und Diplomat (s. auch S.26) fand seine letzte Ruhestätte unter einem einfachen Holzkreuz

Iraklion

Seite 39

auf der **Martinengo-Bastion.** Auf dem Grabstein ist in der Handschrift des Dichters die Essenz seiner Lebenserfahrung eingemeißelt: »Ich hoffe nichts, ich fürchte nichts, ich bin frei.«

EOT gegenüber dem Archäologischen Museum, Tel. 0 81/22 82 03.

Flughafen: Vom Flughafen verkehren Busse nur nach Iraklion. Die blauen Stadtbusse (Fahrpreis ca. 1,50 DM pro Fahrt) fahren alle 5–20 Minuten ins Zentrum zur Platia Eleftherias und über die Chanion Porta (Busbahnhof für die Messara-Ebene) weiter in die westlichen Vororte. Die Fahrscheine kauft man an speziellen Kiosken, die sich an den Hauptaltestellen, so auch am Flughafen, befinden. Weiterreise mit dem Taxi: Auf einer Tafel am Ausgang des Flughafengebäudes sind die Entfernungen zu den wichtigsten Zielen und die Fahrpreise angeschlagen.

Busverbindungen: Es gibt drei Busbahnhöfe, von denen die grün-gelben Überlandbusse starten. Südkreta, die Messara-Ebene, Anogia, Rodia und Fodele werden vom Busbahnhof B am Chania-Tor aus bedient, die Busse Richtung Rethimnon/Chania (entweder über die Küstenstraße oder – 2 Stunden länger – über die »Old Road«) starten am Busbahnhof C, am Fährhafen, Odos Makariou. Ganz in der Nähe, auf der Landseite, liegt der Busbahnhof A. Von hier geht es in den Inselosten, nach Agios Nikolaos und Sitia. Gepäckaufbewahrung: Es gibt mehrere Möglichkeiten in der Odos 25 Avgoustou oder (im Sommer) am Flughafen.

Fährverbindungen: Täglich Fährbindung nach Piräus, mindestens einmal pro Woche, mehrmals in der Hauptsaison, auch nach Santorin und

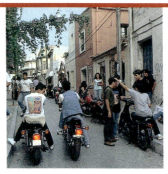
Viel Betrieb in den Gassen

zu anderen Kykladeninseln, nach Thessaloniki, Rhodos, Karpathos und Kassos. Auskünfte erteilen die Reisebüros an der Odos 25 Avgoustou oder am Hafen. Tagesausflüge kann man in den Reisebüros buchen.

Lärmempfindliche sollten in Iraklion Zimmer »nach hinten« nehmen oder auf die Strandhotels im Westen der Stadt ausweichen (dort gibt es aber ein Kraftwerk und viele Touristen).

Hotels in der Altstadt:

▌ **Atlantis,** relativ ruhiges 160-Zimmer-Hotel, Hafenblick, Ecke Mirabelou/Ighias Str., Tel. 0 81/22 91 03, Fax 22 62 65. ○○○

▌ **Lato,** Odos Epimenidoa 15, Tel. 22 81 03, Fax 24 03 50. Oberhalb des Fährhafens gelegenes, modernisiertes Hotel. Zimmer mit Meerblick. ○○

▌ Preiswertere Unterkunftsmöglichkeiten findet man rund um den El-Greco-Park und in der Nähe des Löwenbrunnens, z. B. das **Hotel Lena,** Tel. 22 32 80, Fax 24 28 26, (Seitengasse der Odos Vironos, Nähe Löwenbrunnen). Ruhiges Zimmer verlangen, DZ um 40 DM. ○

▌ Strandhotel: **Agapi Beach,** 6 km außerhalb, am Strand von Ammoudara, Tel. 25 05 02, Fax 25 87 31. Das komfortable 290-Zimmer-Ferienhotel bietet gute Wassersportmöglichkeiten; die drei Tennisplätze haben Flutlicht. ○○○

Überall in der Altstadt gibt es Tavernen, die meisten am Löwenbrunnen und im Marktviertel. Gut, preiswert und mit Atmosphäre isst man in der Verbindungsgasse zwischen Marktgasse und Evansstraße, besonders gut im **Pantheon** und im nahe gelegenen **Ionia** (Odos Evans 5). ○
Mehrere preiswerte Ouzerien und Tavernen findet man am Daskalogiannisplatz oder oberhalb des Hafens. Raffinierte kretische Küche im **Bella Casa,** Odos Zografou 16. ○○

In Iraklion gibt es mehrere große und viele kleine Nachtclubs. Lyra-Musik im **Erofili,** ca. 3 km hinter Knossos. Musik und Tanz bis 3 Uhr in der Früh. Szene-Treff der Altstadt ist derzeit die **Kriari-Straße** zwischen Löwenbrunnen und Freiheitsplatz mit Bars und Pubs.

Alteingesessene Volkskunstgalerie **Grimm** am Löwenbrunnen, mit guter Beratung. Lederwaren kauft man am besten in der Marktgasse. Spezialisiert auf kretische Naturprodukte (Olivenöl, Käse, Tee, Kräuter) hat sich **Erondas,** Papalexandrou 10 (gegenüber Archäologischem Museum). Nahebei, Idomeneou 25, findet man einen **Töpferladen.** Jeden Samstag außerdem größter **Volksmarkt** Kretas mit Hunderten von Ständen am Hafen. **Goldschmiedearbeiten** und Handgewebtes bei E. Kastrinogannis, Odos Xanthoudidou.

Sehr gute deutschsprachige Literatur über Kreta findet man in der deutschen Buchhandlung **Monokeros,** Odos Idomeneou 2.

***Knossos

Seite 45

Zentrum der minoischen Kultur

Der größte der minoischen Paläste liegt 5 km außerhalb von Iraklion inmitten von Weinfeldern auf dem Kefala-Hügel. Die Grabung und ihre Publikation sind eng mit dem Namen eines Mannes verbunden: Arthur Evans. Er war 1894 erstmals nach Kreta gekommen. Nicht um Knossos auszugraben, dessen Existenz schon der kretische Kaufmann und Hobbyarchäologe Minos Kalokärinos 1878 durch erste Versuchsgrabungen nachgewiesen hatte, sondern auf der Suche nach einem vorgriechischen Schriftsystem. Evans war ein vielseitiger Mann, er hatte sich bereits als Zeitungskorrespondent, Reisejournalist, Ethnologe und Museumsdirektor betätigt. Knossos begann ihn zu fesseln. Evans wollte der »Schliemann Kretas« werden: derjenige, der das bei Homer erwähnte Reich des Minos wieder ans Tageslicht bringen würde, genauso wie Schliemann der staunenden Öffentlichkeit die vorhomerische Kultur in Troja und Mykene vorgeführt hatte. Als Kreta 1898 selbständig wurde, schlug schließlich seine Stunde. Aus reichem Hause stammend, konnte er das Grundstück, unter dem Knossos lag, mit eigenen Mitteln erwerben. Ein rasch gegründeter »Cretan Exploration Fund«, ein privater Förderverein, steuerte weitere Mittel bei. 1900 konnten die Ausgrabungen beginnen. Innerhalb weniger Jahre, aber viel zu schnell und indem man Wichtiges einfach wegschaufelte, wurde das Palastareal freigelegt. Kritik wurde auch an dem geübt, was den Reiz von Knossos heute ausmacht.

Seite 45

Während sich andere mit der Sicherung der Ruinen begnügten, baute Evans aus Stahlbeton und mit Farbe den Palast zu großen Teilen wieder auf, und zwar so, dass die wieder errichteten Trakte bewusst unvollendet blieben.

Deshalb brechen Gesimse plötzlich »malerisch« ab, eine Betonsäule ragt nur halb hervor, mit Kulthörnern und Pithoi wurde ein raffiniertes künstlerisches Arrangement getroffen. Evans wollte auf diese Weise in Knossos eine Art von »Ruinenromantik« verwirklichen.

Die hier verwendeten Bezeichnungen wie »Halle der Doppeläxte« oder »Toilette der Königin« gehen auf Arthur Evans und seine mehrbändige Publikation »The Palace of Minos at Knossos« zurück.

Der westliche Palastbereich

Die Bronzebüste des Ausgräbers auf dem **Westhof** Ⓐ am Eingang ins Palastareal rechts am Wege wurde 1935 in seinem Beisein aufgestellt. Evans wurde 1911 ob seiner Verdienste um die minoische Kultur geadelt; er starb 1941 im Alter von 90 Jahren.

Auf dem gepflasterten Westhof fallen leicht erhobene Prozessionswege auf. Sie führen zu einer großen Schautreppe und weiter zu dem so genannten »Kleinen Palast« (jenseits der Straße; nicht zugänglich). Die gemauerten Gruben im Hof dienten vermutlich als Depot für Weihegeschenke, die aus den Palastheiligtümern entfernt worden waren.

Westeingang Ⓑ mit Polythyronanlage; erhalten sind nur die (rekonstruierten) Fundamente.

In Ruinenromantik erhebt sich das **Südpropylon** Ⓒ. An der Wand das große Prozessionsfresko (Originalfragmente im AMI). Mit den herumstehenden mykenischen Pithoi wollte Evans andeuten, dass hier nach 1450 v. Chr., in der Nachpalastzeit, Mykener wohnten. Eine Treppe führt hinauf zum rekonstruierten »Piano Nobile«, dem von Evans so genannten Obergeschoss.

Vom Piano Nobile kann man einen Blick in die über 20 **Magazine** Ⓓ im Erdgeschoss werfen. In den von starken Mauern abgetrennten länglichen Räumen sind kastenartige Vertiefungen eingelassen, kühle unterirdische Depots. Hier stapelten sich einst die Tribute und Tauschwaren des Reiches: Tuche, Öle, Getreide usw. An den Rändern stehen riesige Pithoi (Vorratsgefäße).

Lichtschacht und »Lustralbad« Ⓔ. An die Wände hängten die Archäologen und Knossos-Didaktiker Kopien berühmter minoischer Fresken.

Von der **Terrasse** Ⓕ aus hat man einen schönen Überblick über den Innenhof.

Den **Thronraum** Ⓖ kann man nur durch ein Holzgitter ansehen. Der alabasterne Thronsessel stammt aus der Älteren Palastzeit; links und rechts stehen Bänke. Die den Thron flankierenden Greifendarstellungen (Originalfresken im AMI) stammen aus der mykenischen Periode von Knossos (nach 1450 v. Chr.). In den Vorraum haben die Engländer eine Kopie des Thrones gestellt. Eine weitere Kopie steht im Internationalen Gerichtshof in Den Haag, denn Minos war in der griechischen Mythologie auch ein weiser Richter.

Der östliche Palastbereich

Der **Nordeingang** Ⓗ zeigt die Rekonstruktion eines bunten Flachreliefs mit einem angreifenden Stier.

Knossos

Magazine und Werkstätten ❶–❷ liegen merkwürdigerweise unmittelbar neben den **Wohnräumen** ❸.

Die Treppen des repräsentativen **Treppenhauses** ❹ führen hinunter in die Wohnräume der Herrscher von Knossos. An den Wänden bunte Schilde. **»Halle der Doppeläxte«** ❺ mit eingeritzten Doppelaxtzeichen und »Megaron des Königs« nach Art eines Wintergartens mit vielen Polythyra.

»Megaron der Königin« ❻ mit Badewanne hinter einer Trennwand. An den Wänden die Fresken minoischer Damen, einer Tänzerin und von Delfinen (Originale im AMI).

> Seite 45

- ❶ Westhof
- ❷ Westeingang
- ❸ Südpropylon
- ❹ Magazine
- ❺ Lichtschacht und »Lustralbad«
- ❻ Terrasse
- ❼ Thronraum
- ❽ Nordeingang
- ❾ Magazine und Werkstätten
- ❿ Magazine und Werkstätten
- ⓚ Wohnräume
- ⓛ Treppenhaus
- ⓜ »Halle der Doppeläxte«
- ⓝ »Megaron der Königin«
- ⓞ »Toilette der Königin«
- ⓟ Südzugang
- ⓠ Schautreppe
- ⓡ Prozessionsweg

KNOSSOS (1700 - 1450 v.Chr.)
0 — 30 m

Knossos

Die berühmten Delfine im Megaron der minoischen Königin sind Kopien

Die **»Toilette der Königin«** ⓞ (»Dressing room«) besitzt eine Kanalisation. Bei dieser Entdeckung soll Evans ausgerufen haben: »Jetzt bin ich der einzige, der auf Kreta ein Klo mit Wasserspülung besitzt!«

Südzugang ⓟ zum Innenhof mit Kopie des »Lilienprinzen«.

Die roten Säulen, ein markantes Wahrzeichen

Außerhalb des Palastes

Schautreppe ⓠ, das »Theater« des Palastes. Hier endet der **Prozessionsweg** ⓡ, der zum »Kleinen Palast« führt. Öffnungszeiten: Mai–Sept. tgl. 8–19, Okt.–März 8–17, April 8–18 Uhr.

Busverbindung: Stadtbusse der Linie 2 alle 20 Minuten ab Iraklion.

Entlang der Hauptstraße finden Sie mehrere Restaurants.

Ausflug nach Archanes

Das Weinbauerndorf Archanes steht auf den Ruinen eines minoischen Palastes, der an Größe und Ausstattung Knossos gleichkam. Drei wichtige minoische Stätten liegen nahebei: das gut erhaltene ***Vathipetro**, ein Gutshof mit Oliven- und Weinpresse (Di–So 9 bis 15 Uhr), **Anemospilia,** ein Tempel, in dem zur Abwehr des Erdbebens von 1700 v. Chr. ein Mensch geopfert wurde (umzäunt, nur in Begleitung eines Wärters zu besichtigen), und ***Fourni,** eine vom 3. Jt. bis zur Mykenerzeit benutzte Nekropole (umzäunt, vormittags in der Regel geöffnet).

Interessanter als die Vor-Ort-Besichtigung dürfte der Besuch im ***Ein-Raum-Museum** von Archanes sein (Dorfmitte, Mi–Mo 9–14.30 Uhr). Informativ und didaktisch hervorragend ist dort das berühmte Menschenopfer von Anemospilia dokumentiert.

Busverbindung: Linienbus nach Archanes jede volle Stunde ab Busbahnhof am Hafen.

Die Garten-Taverne **Kostas** liegt gegenüber der Dorfkirche. Hier hilft man auch bei der Suche nach dem Wärter. ○

Die Ausgräber **J. u. E. Sakellarakis** fassen in Archanes den Forschungsstand zur minoischen Kultur zusammen (in kretischen Buchläden).

*Agios Nikolaos

Die weiße Stadt am malerischen Mirabello-Golf

Agios Nikolaos (9500 Einw.), die erst 1869 gegründete Stadt, ist heute nicht von ungefähr meistbesuchter Badeort Kretas. Landschaft und Lage sind einmalig: eine Halbinsel, umflossen von blauem, klarem Wasser, ein malerischer ehemaliger Süßwassersee mit Durchstich zum Hafen, eine lange Strandpromenade mit Bademöglichkeiten an den Klippen, die vorgelagerte, schön geschwungene Insel Spinalonga und schließlich die Bucht von »San Nicolo«, in der einst die Schiffe der Venezianer ankerten. Heute liegen an dieser Bucht zwei Luxushotels, das »Minos Beach« und das »Minos Palace«.

Geschichte

Ursprünglich war der Ort ein Hafen für die nahe dorische Bergstadt Lato und hieß »Pros Kamares« (»Zu den Bögen«). Der Name Agios Nikolaos geht auf die Nikolauskirche zurück, deren älteste Teile aus der Zeit des Bilderstreits stammen. Während der venezianischen Besatzung wurde die Festung Mirabello auf der Halbinsel errichtet. Ihre Reste sind jedoch heute von den Hotels überbaut. Die Seeseite von Agios Nikolaos schützte die Festung Spinalonga.

Agios Nikolaos ist die Hauptstadt des Bezirks Lassithi. Von hier lassen sich Ostkretas Sehenswürdigkeiten bequem per Bus erreichen. Im Sommer ist die Stadt von Touristen ziemlich überlaufen, aber auch im Winter lockt das milde Klima Besucher an; ein »Winterschlaf« findet nicht statt.

Stadtrundgang

Seite 47

Rund um den **Voulismeni-See** ❶, einen Binnensee, und das Hafenbecken spielt sich das Nachtleben der Stadt ab. Der einstige Süßwassersee wurde zwischen 1867 und 1871 durch einen Kanal mit dem Meer verbunden. Ein ähnliches geologisches Phänomen – Süßwassersee in Küstennähe, gespeist von einer unterirdischen Quelle – ist der See bei Kournas in Westkreta (s. S. 85).

Die **Halbinsel** ❷ ist der Standort der Festung Mirabello, die im Jahr 1204 die Venezianer erbauten und die auf venezianischen Stichen abgebildet ist. Die **Bademöglichkeiten** ❸ von Agios Nikolaos sind beschränkt: schmale Strände, zu wenig Sand für zu viele Touristen. Bademöglichkeit auch von den Klippen unterhalb der Uferpromenade in Richtung Elounda.

❶ Voulismeni-See
❷ Halbinsel
❸ Bademöglichkeiten
❹ Archäologisches Museum

Agios Nikolaos

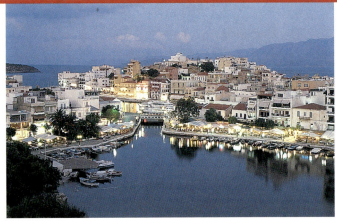

Der Voulismeni-See liegt mitten in Agios Nikolaos

Das *Archäologische Museum ❹ stellt bedeutende Funde aus Ostkreta aus. Kurios in Saal V ein Totenschädel mit einer Münze zwischen den Zähnen: der Obolus für die Fahrt über den Fluss Styx ins Totenreich (Öffnungszeiten: Di–So 8.30–15, Mo geschlossen).

EOT-Büro, an der Brücke zum See, Tel. 08 41/2 23 57.

Busverbindungen: In die Richtungen Iraklion, Kritsa, Sitia und Ierapetra etwa stündlich.
Fährverbindungen: 2–3 x wö. Milos und Piräus sowie Karpathos und Rhodos. Tagesfahrten nach Santorin.

Zur Luxusklasse gehört das **Minos Palace,** das architektonisch an die minoischen Paläste erinnert, Tel. 08 41/2 38 01, Fax 2 38 16. ○○○
Ein ruhiges, am Stadtrand in Richtung Elounda gelegenes Hotel ist das **Ormos** mit Bungalows und Schwimmbad, Tel. 2 40 94, Fax 2 53 94. ○○
Kleine preiswerte Pensionen und Hotels rund um den Busbahnhof, z. B. **Domenico,** ruhig, am Sportplatz, ganzjährig geöffnet, Tel. 2 28 45, Fax 2 39 54. ○

 Sehr gut ist das **Ariadne:** raffinierte Küche am Hafen. ○○
Pelagos, ein stilvolles Restaurant in einer klassizistischen Villa in der Odos Koraka 10. Meeresfrüchte und frischer Fisch werden auf einem im Garten liegenden Kaiki ausgestellt. Gutes Preis-Leistungs-Verhältnis. ○○
Noch am ursprünglichsten und von Einheimischen gern besucht ist das **Itanos** neben der Kathedrale. ○

Hits der 60er Jahre hört man im **Sixties** in der Koundourou 40.

Zur Insel Spinalonga

Es gibt zwei ursprüngliche Inseln, die Spinalonga heißen: einmal die kleine Festungsinsel, zum zweiten die Elounda vorgelagerte ehemalige Insel, die jetzt durch einen begehbaren Damm mit dem Festland verbunden ist.

Die Felseninsel **Spinalonga** (ital.: »langer Dorn«) ist eine venezianische Festung, die zur Kette der Inselforts gehört, die die Nordküste Kretas verteidigen sollten (die anderen Forts sind Gramvousa und Souda im Westen). Spinalonga wurde im 16. und 17. Jh. gegen die entwickelte Belagerungstechnik der Osmanen so gut ausgebaut, dass die Festung nie genommen wurde. Nachdem Kreta längst in der Hand der Türken war, harrte hier eine venezianische Wachmannschaft noch bis 1714 aus. Sie zog sich schließlich zurück, weil Spinalonga in einem türkisch beherrschten Mittelmeer keine strategische Bedeutung mehr hatte.

Fährverbindungen: Ausflugskaikis im Hochsommer täglich ab Agios Nikolaos, Plaka und Elounda. Manchmal wird der Ausflug etwas erweitert, z. B. durch Schwimmen über den Ruinen von Olous, einer Polis bei Elounda, von der man einige Hausmauerreste einen Meter unter der Wasseroberfläche gefunden hat.

Elounda

Der Badeort mit Luxushotels liegt malerisch an einer Bucht, die von Spinalonga zum Meer abgegrenzt wird.

Eines der vier Luxushotels ist das **Elounda Beach,** Tel. 08 41/ 4 14 12, Fax 4 13 73, Mitglied von »The Leading Hotels of the World«. ❍❍❍ Preiswert und passabel ist das **Olous** an der Hauptstraße, Tel. 4 13 57. ❍

Seite 47

Gute Fischrestaurants findet man rund um den Hafen. Über dem Damm bei den Windmühlen und einem frühchristlichen Mosaik liegt eine Taverne.

*Kritsa

Busladungen von Touristen kommen im Sommer jeden Tag in dieses »typisch kretische Dorf«, das sich mit seinen weißen Häusern unterhalb eines steilen Felshanges architektonisch geschlossen ausbreitet. Traditionell stellen die Frauen Kritsas Häkel- und Webarbeiten her, die hier verkauft werden.

Die dreischiffige byzantinische Kirche ****Panagia Kera** unterhalb von Kritsa ist ganz mit Fresken (13./14. Jh.) ausgemalt, die vorzüglich erhalten sind. Damals herrschten die Venezianer über Kreta, und so finden sich manche »Italizismen« im Bilderschmuck, zum Beispiel der katholische Heilige Franz von Assisi mit der Beischrift FRA-ZEC-KO (die Silben sind

---

Die Leprastation von Spinalonga

Der Rundgang der Touristen, die Spinalonga täglich per Boot ab Elounda oder Agios Nikolaos besuchen, führt vorbei an verlassenen Häusern des 20. Jhs. Die griechische Regierung hatte 1903 beschlossen, die türkischen Siedler Spinalongas zu vertreiben und hier ein Lepraghetto einzurichten. Bis zum Jahr 1957 lebten die Leprakranken in einer dorfähnlichen Gemeinschaft zusammen. Sie besaßen eine Schule, Läden und Werkstätten und sogar ein Kafenion und ein Kino. Für die Angehörigen, die ihre Kranken besuchten, gab es einen Desinfektionsraum nahe dem alten Anleger gegenüber von Plaka. Die Verstorbenen von Spinalonga wurden auf einem Friedhof nahe dem heutigen Fähranleger in Betonsarkophagen bestattet.

untereinander angeordnet) am nördlichen Mittelpfeiler des Hauptschiffs. An den Stilunterschieden in den Malereien kann man sehen, dass verschiedene Maler am Werk waren: im Mittelschiff die traditionelle, lineare, hieratische Malweise, im Südschiff erscheinen die Figuren bewegter, plastischer und lebensnäher. Abgebildet sind im Mittelschiff v. a. der Passionszyklus, herausragend hier der Bethlehemitische Kindermord, im Südschiff das Leben der Anna und ihrer Tochter Maria, im Nordschiff das »Jüngste Gericht« (Öffnungszeiten: tgl. 9–14.30 Uhr).

Melina Mercouri beschreibt in ihrem Buch »Ich bin als Griechin geboren« amüsant die Dreharbeiten zum Film »Der Mann, der sterben muß« nach Kazantzakis' »Griechischer Passion«. Drehort war Kritsa.

Lato

Zunächst beeindruckt die Lage dieser kretischen Polis: auf einem Bergsattel inmitten wilder Landschaft, die Agora zwischen zwei Akropolen. Unter einer Schatten spendenden immergrünen Steineiche sitzt es sich gut auf einer antiken Steinbank (»Exedra«). Gegenüber führt eine Schautreppe zu den Verwaltungsgebäuden Latos mit Bänken und einem Tisch, rechts und links davon je ein Wachturm. Das Geschäfts- und Ladenviertel befand sich links unterhalb der Agora. In den Erdgeschossen der Häuser sieht man Mörser, Handmühlen und Zisternen (Öffnungszeiten: Di–So 9–15 Uhr).

Tipp **Wandervorschlag:** Von Kritsa hinauf mit dem Taxi; auf einem Maultierpfad auf der anderen Seite bergab bis Chamilo. Dort fährt gegen 15 Uhr der Bus nach Agios Nikolaos.

**Rethimnon

Venezianisch-türkische Altstadt und schmucker Hafen

Rethimnon (22 000 Einw.) wetteifert mit Chania um die Auszeichnung, schönste Stadt Kretas zu sein. Die Altstadt ist besser und einheitlicher als die von Chania erhalten, der venezianische Hafen kleiner und intimer. Fischerboote dümpeln vor sich hin, und am Kai, vor den pastellfarbenen Hafenhausfassaden, reiht sich ein Fischrestaurant an das andere.

Das Stadtbild prägen enge Gassen, durch die die Häuser in Karrees unterteilt werden. Die venezianischen Häuser erkennt man an den schmucken Portalen mit ihren gotischen Bögen und an den Fenstern, die mit Steinprofilen gerahmt sind. Viele der Häuser haben noch immer den charakteristischen türkischen Holzerker an der Fassade. Von der Zitadelle über der Stadt kann man die türkische Vergangenheit Rethimnons auch an den vielen Minaretten der Moscheen ablesen.

Als einzige Stadt Kretas besitzt Rethimnon einen breiten Sandstrand direkt vor der Stadt.

Geschichte

Iraklion gilt als Metropole der Wirtschaft für die Insel Kreta, Chania als die Stadt der Politik, Rethimnon als geistiges und wissenschaftliches Zentrum.

Hier ist die Geisteswissenschaftliche Fakultät der in den siebziger Jahren gegründeten Universität von

Kreta angesiedelt. Denn die Wissenschaft hat hier eine lange Tradition: aus Rethimnon stammen bedeutende Gelehrte, die einst nach Italien ausgewandert sind und sich über Kreta hinaus einen Namen gemacht haben.

Die ältesten Reste der Stadt gehen auf die minoische Zeit zurück; die nachminoische dorische Stadt trug den vorgriechischen Namen Rethymna. Während der Türkenzeit war Rethimnon vorwiegend von Türken bewohnt.

Das gemächliche Leben der Türken in jener Zeit, das sich zwischen Kaffeehaus und Pferdesattel abspielte, schildert anschaulich der 1909 in Rethimnon geborene Schriftsteller **Pandelis Prevelakis** in »Chronik einer Stadt« (Bibliothek Suhrkamp, nur noch antiquarisch zu erhalten).

Vom Venezianischen Hafen zur Odos Arkadiou

Seite 51

Die Hauptattraktion Rethimnons ist der **Venezianische Hafen ❶**. In der intimen, gepflegten Atmosphäre haben sich vor allem Fischrestaurants der gehobenen Preisklasse etabliert.

In dem Strandpavillon am **Stadtstrand ❷** befindet sich das Informati-

❶ Venezianischer Hafen
❷ Stadtstrand
❸ Moschee des Kara Moussa Pascha
❹ Odos Arkadiou
❺ Venezianische Loggia
❻ Rimondibrunnen
❼ Moschee des Pascha Nerazze
❽ Archäologisches Museum
❾ Zitadelle

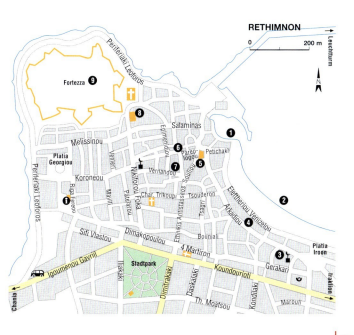

Der Rimondibrunnen im Zentrum von Rethimnon

onsbüro des EOT (Öffnungszeiten: tgl. 8–20 Uhr).

Die **Odos Arkadiou** ❹ ist *die* Einkaufsstraße. Hier gibt es Lederwaren, Schmuck und Nippes. An ihrem Nordende zweigt die schmale Souliou mit weiteren Geschäften rechts ab. Hier, in Nr. 58, bietet ein Kräuterladen eine riesige Auswahl. Eine Tafel vor dem Laden erklärt in kuriosem Deutsch, welche Tees gegen welche Gebrechen helfen. Ganz in der Nähe arbeitet ein Schuster noch nach Maß, und ein Antiquariat verkauft auch deutsche Bücher.

Die **Moschee des Kara Moussa Pascha** ❸ aus dem 17. Jh. schmückt ein hübscher Blumengarten.

Im Herzen der Stadt

Die **Venezianische Loggia** ❺ war einst ein Clubhaus für die venezianischen Adligen. Heute werden hier Repliken antiker Skulpturen verkauft.

Laut einer Inschrift stammt der **Rimondibrunnen** ❻ aus dem Jahre 1629. Ebenso wie der Morosinibrunnen in Iraklion diente er einst der Wasserversorgung; unter der Inschrift »A(lvise) RIMONDI« hat er Säulen mit korinthischen Kapitellen und wasserspeiende Löwenköpfe.

Die heutige **Moschee des Pascha Nerazze** ❼ war vorher eine Kirche (Santa Maria), jetzt ist sie ein Odeion (Konzertsaal). In ihrem Funktionswechsel spiegelt sie die Geschichte Kretas wider. Die venezianische Klosterkirche aus dem 16. Jh. wandelten die Türken zur Moschee um (die Besteigung des Minaretts ist nicht möglich).

An der Festung

Einst Gefängnis der Venezianer, zeigt das **Archäologische Museum** ❽ vor der Festung heute interessante Objekte aus der Region. Bemerkenswert sind die Funde des nachpalastzeitlichen Friedhofs von Armeni. (Die – ausgegrabenen, leeren – Kammergräber sind in **Sitou** zu besichtigen, 1 km außerhalb Rethimnons, rechts der Straße nach Preveli.) Öffnungszeiten: Di–So 8.30–15 Uhr.

Von den venezianischen Städten Kretas hatte nur Rethimnon eine »Festung in der Festung«. Zu besichtigen sind in der **Zitadelle ❾**, der *Fortezza*, Munitionskammern, Zisternen und die Sultan-Ibrahim-Moschee mit ihrer weiten Kuppel. Ihr Minarett wurde von den Kretern gekappt und steht nur noch als Stumpf.

 EOT siehe Seite 51f. Gute und aktuelle Auskünfte auch bei der Visitor's Information, Odos A. Sikelianou, Tel. 08 31/5 58 73, Fax 2 78 25.

Busverbindungen: Vom Busbahnhof an der alten Straße nach Chania (westl. Stadtausgang) Busse in alle Richtungen.
Fährverbindungen: Täglich nach Piräus. Tagesfahrten nach Santorin.

Grecotel Rithymna Beach. Luxushotel am Strand, Tel. 08 31/7 10 02, Fax 7 16 68. Es bietet Wassersportmöglichkeiten, Animationsprogramm und ein Kindercamp. ○○○
■ **Mythos,** Platia Karaoli Dimitriou 12, Tel. 5 39 17, Fax 5 10 36. Stilvoller Palazzo in der Altstadt. ○○
Diverse Pensionen in Hafennähe und zwischen der Arkadiou und dem Strand.

Zum »Erlebnis Rethimnon« gehört ein Essen am venezianischen Hafen.
■ Noch besser und preiswerter isst man allerdings in den Tavernen in der Altstadt. Lyra-Musik zum Essen und Tanz bietet da das **Gounakis,** Koroneou 8, in dem man auch den späteren Abend gut verbringen kann. ○○
■ *Das* traditionelle Restaurant Rethimnons heißt **Samaria** (Venizelou 39): einfache Ausstattung, günstige Preise, direkt an der Strandpromenade, vorzügliche Küche. ○

**Chania

Perle Westkretas

Die Einfahrt in das Zentrum von Chania (60 000 Einw.) kann in Stress ausarten. Schrittweise quälen sich Autos und Busse durch viel zu enge Straßen – Chania hat gemessen an seiner Einwohnerzahl die größte Autodichte Griechenlands! Doch ist man erst einmal im Zentrum angelangt, winkt eine schmucke Perle: die in großen Teilen verkehrsberuhigte Altstadt mit ihren Märkten und Basaren, venezianischen Wohnhäusern und dem mittelalterlichen Bilderbuchhafen, an dem Einheimische wie Touristen abends flanieren und sich in den vielen Restaurants und Cafés niederlassen.

Die Vorstadt von Chania ist mit einem sehr regelmäßigen Straßennetz angelegt: Straßen schneiden sich rechtwinklig, die Häuserblocks bilden Karrees, dazwischen liegen einige Grünflächen und sogar ein Stadtpark samt kleinem Zoo. Die Altstadt jedoch ist gewachsen. Rund um den Stadthügel am Hafen, auf dem eine minoische Siedlung nachgewiesen wurde, verschachteln sich pastellfarben gestrichene Häuser über minoischen und antiken Mauerresten. Einbezogen sind die Stadtmauern des Castel vecchio, die Palazzi der venezianischen Oberschicht, die Arsenale und die türkische Janitscharenmoschee am Hafen mit ihrem Minarett.

Geschichte

In der Antike hieß Chania Kydonia, eine Bezeichnung, die sich vom grie-

Chania

Unverkennbar venezianisch geprägt ist die Odos Angelou

In der riesigen Markthalle macht das Einkaufen Spaß

chischen kydonia (Quitte) herleitet. Als die Venezianer Kreta im 13. Jh. übernahmen, nannten sie die Stadt La Canea und errichteten gegen die konkurrierenden Genuesen (die die Stadt 1266 plünderten), gegen die revoltierenden Kreter und gegen die äußere arabische und später osmanische Bedrohung starke Festungsanlagen. Als erste entstand im 13. Jh. das Castel vecchio um den Altstadthügel, dann im 16. Jh. eine modernere, ein größeres Areal umfassende Anlage mit einer Zitadelle an der Hafeneinfahrt.

1645 wurde Chania als erste kretische Stadt nach kurzer Belagerung von den Osmanen eingenommen. Sie wurde Hauptstadt von Kreta und blieb es bis 1972, als die Junta dem wirtschaftlich weiterentwickelten Iraklion diese Rolle übertrug. 1913, nach dem Anschluss Kretas an das griechische Mutterland, war auf der Hafenzitadelle »Firkas« zum ersten Mal die griechische Fahne gehisst worden.

Von der *Markthalle zum Hafen

In der neoklassizistischen, 1911 nach Marseiller Vorbild errichteten ***Markthalle** ❶ bekommt man sämtliche kretischen Agrarprodukte, doch auch Souvenirs. Beachtenswert ist die Architektur in Form eines gleichschenkligen Kreuzes; in den Kreuzarmen haben die Agrarbranchen ihre Stände. Ein Essen im Markthallen-Estiatorion im Kreis der Händler ist ein echtes Erlebnis.

In der **»Ledergasse« Skridlof** ❷ findet man eine so reiche Auswahl an Lederwaren aller Art wie sonst nur noch in Rethimnon. Wer möchte, kann sich auch Lederstiefel nach Maß anfertigen lassen.

Das Volkskunstmuseum im Innenhof der **katholischen Kirche** ❸ zeigt vorwiegend kretische Webarbeiten und Möbel (unregelmäßige Öffnungszeiten).

Die gotische San-Francesco-Kirche, die Kirche des Franziskanerordens, beherbergt seit 1962 das ****Archäologische Museum** ❹. Die Türken hatten aus der Kirche die Jussuf-Pascha-Moschee gemacht, wovon der Minarettstumpf und der Reinigungsbrunnen zeugen. Nach dem Anschluss an Griechenland war das Gotteshaus ein Kino, nach dem Abzug der Deutschen 1945 Depot für zurückgelassene deutsche Militaria.

Ausgestellt sind heute Objekte vom Neolithikum bis zur Türkenzeit (beschriftete Vitrinen). Schön sind die römischen Fußbodenmosaiken und das als historische Quelle wichtige Master-Impression-Siegel aus der minoischen Epoche mit einer Stadtansicht und einem Waffenträger. Von besonderem Interesse sind auch die mehrfarbig bemalten Tonsarkophage aus der spätminoischen Zeit. Auf einem von ihnen sind Bergziegen und eine Hirschjagd dargestellt. Die Urnen stammen aus der Nekropole von Armeni. (Öffnungszeiten: Di–So 8.30 bis 15 Uhr.)

Tipp In einem türkischen Badehaus ist heute die empfehlenswerte Taverne **Tamam** untergebracht. Odos Zambeliou 49.

Einige **venezianische Patrizierhäuser** ❺ mit schönen Fassaden und Portalen sind in der schmalen Odos Moschou und in der Zambeliou zu bewundern. Besonders beachtenswert sind der Renieri-Palast und die ehemalige Loggia (Hausnummern 43 und 45).

Am Hafen

Das **Nautische Museum** ❻ unterhalb der Hafenbastion Firkas dokumentiert mit Schiffsmodellen, nautischen Geräten, Darstellungen wichtiger Seeschlachten, Fotos usw. die Geschichte der griechischen Seefahrt. In Raum 3 wird eine hübsche Muschelsammlung gezeigt (Öffnungszeiten: Mo–Sa 10 bis 16 Uhr).

Der ****Venezianische Hafen** ❼ mit der Janitscharenmoschee und den venezianischen Arsenalen bot einst

Seite 55

❶ Markthalle
❷ »Ledergasse« Skridlof
❸ Katholische Kirche
❹ Archäologisches Museum
❺ Venezianische Patrizierhäuser
❻ Nautisches Museum
❼ Venezianischer Hafen
❽ Kirche Agios Nikolaos
❾ Stadtpark

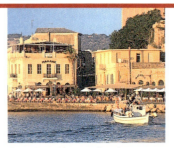

Die vielen Cafés am malerischen Venezianischen Hafen laden zum Verweilen ein

Der von Ägyptern errichtete Leuchtturm von Chania

Platz für rund 40 Galeeren. Gegenüber, auf dem Wellenbrecher, an der **Kapelle des Agios Nikolaos,** richteten Venezianer und Türken die zum Tode Verurteilten hin.

Der **Leuchtturm** am Ende der Mole ist noch ein Überbleibsel aus den Jahren 1830 bis 1840, als Kreta für zehn Jahre den ägyptischen Hilfstruppen zur Ausbeutung überlassen wurde. Sie hatten dem Osmanischen Reich geholfen, den griechischen Aufstand zu unterdrücken. Die 1645 errichtete **Janitscharenmoschee** ist das älteste türkische Bauwerk Chanias und wird heute als Ausstellungsraum genutzt. In den venezianischen Arsenalen haben Handwerker ihre Werkstätten, eines dient ebenfalls als Ausstellungsraum.

Tipp Der »Bilderbuchhafen« ist abends der Treffpunkt von Einheimischen und Touristen: Man geht in Gruppen auf und ab und lässt sich zu späterer Stunde in einem der zahlreichen Cafés oder Restaurants nieder.

Außerhalb des Zentrums

Auch die venezianische **Kirche Agios Nikolaos** ❽ wurde zur Moschee umfunktioniert (nach 1645) und bekam ein Minarett. Nach ihrer erneuten Umwandlung in eine orthodoxe Kirche (nach 1898) benutzte man es als Glockenturm. An der Platane auf dem Kirchplatz wurde 1821 der Bischof von Chania, Melchisedek, von den Türken aufgeknüpft, die die Ausweitung des griechischen Aufstands nach Kreta verhindern wollten.

Eine Oase in der Stadt ist der **Stadtpark** ❾ mit seinem kleinen Zoo. Er wurde 1870 vom türkischen Pascha von Chania nach dem Vorbild europäischer Gärten angelegt.

Tipp **Griechischkurse** für Deutsche (2–4 Wochen à 15 Wochenstunden) veranstaltet von März bis Oktober Efi Anthopoulou (spricht gut Deutsch), Parodos Kanevaro 30, 73132 Chania, Tel. 08 21/4 43 10.

EOT-Büro in der Kriari 40, 4. Stock, Tel. 08 21/9 29 43, Fax 9 26 24.

Die Arsenale am Venezianischen Hafen von Chania

Busverbindung: Kein Linienbus Flughafen–Stadt. Olympic-Airways-Reisende bringt ein Bus zum Stadtbüro, Tzanakaki 88.
Fährverbindung: Der Passagier- und Handelshafen liegt in der Souda-Bucht, 6 km außerhalb. Mindestens eine Fähre tgl. nach Piräus. Linienbus nach Chania und Rethimnon.

Die Besonderheit Chanias sind luxuriöse Pensionen in renovierten venezianischen Patrizierhäusern, z. B. die **Casa Delfino,** Theofanous 9, Tel. 08 21/9 30 98, Fax 9 65 00, Nähe Zambeliou. ○○
▌ Eine schöne Alternative ist die Villa Andromeda, Odos Eleftheriou Venizelou 150, Tel. 2 83 00, Fax 2 83 03. Stilvolle, klassizistische Villa. Toller Meerblick. ○○
▌ Etwas abseits vom Rummel des Hafenrunds, am Jacht- und Fischerhafen, liegt direkt am Wasser das renovierte Hotel **Porto Veneziano,** Tel. 2 71 00, Fax 2 71 05. ○○
▌ Kleinere, ruhig gelegene Strandhotels gibt es in Nea Chora, 15 Minuten zu Fuß vom Zentrum entfernt, wie z. B. das **Elena Beach,** Tel. 9 76 33, Fax 9 29 72. ○

Aeriko, 20 m östlich der Altstadt am Meer gelegen, bietet ausgezeichnete Mezedes. **To Pigadi tou Tourkou** (The Well of the Turk), Parodos Klinikou 1–3, ist ein romantisch gelegenes Lokal im Splantzia-Viertel. Interessante kretische Küche mit nordafrikanischem Einschlag. ○
▌ **1900,** Odos kondilaki 6, im Zentrum gelegenes Kafenion, das noch überwiegend von den Einheimischen besucht wird.

Discos und Bars gibt es zuhauf hinter dem Marinemuseum, hinter der Janitscharenmoschee und auch am Jachthafen.
▌ Im **Kafe Kriti,** Kalergon 22, gibt's allabendlich Lyra- und Busukimusik live.

Antiquitätengeschäft hinter dem westlichsten Arsenal.
▌ **EOMMECH** (Staatlicher Kunstgewerbedienst), Venizelou 4 (Megaron EMPE).

Ausflug nach Akrotiri

Auf der Halbinsel Akrotiri, nordöstlich von Chania, lassen sich Klosterbesuche gut mit einer herrlichen Wanderung kombinieren.

Von dem prächtigen Kloster **Agia Triada** mit seiner gut erhaltenen klassizistischen Fassade führt die teilweise asphaltierte Straße durch eine Schlucht hinauf zum Kloster **Gouverneto.** Von der festungsartigen Anlage aus erreicht man über einen Maultierpfad in Richtung Meer in 30 Minuten die »Bärenhöhle« (Stalaktit in Form eines Bären) und das verlassene Kloster *Katholikon. Hier beeindruckt eine kühne Brückenkonstruktion über einer Schlucht. Wer will, geht 30 Min. weiter zum Meer und hat dort eine Badegelegenheit.

Oberhalb von Chania liegen die Gräber des kretischen Staatsmannes Eleftherios Venizelos (1864–1936) und seines Sohnes Sofoklis.

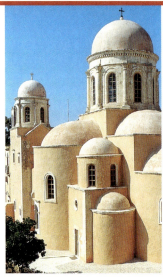

Das Kloster Agia Triada diente schon als Kulisse für »Alexis Sorbas«

Das NATO-Raketenschießfeld Akrotiri

Auf der Halbinsel Akrotiri, nahe der Hafenstadt Chania, betreibt die NATO die NAMFI, die »NATO Missile Firing Installation«. Das Schießfeld ist das einzige seiner Art in Europa, es besteht schon seit den Zeiten der griechischen Militärjunta.

Hier wird mit verschiedenen Luftabwehrsystemen der NATO das Schießen geübt. Überwacht wird der 20 km lange Schießkorridor von Radarstationen in Iraklion und Santorin.

Schon seit langer Zeit protestiert die griechische Friedensbewegung gegen die NATO-Stützpunkte auf griechischem Boden. Hauptsächlich richten sich die Proteste allerdings gegen die nur von den Amerikanern betriebene Basis bei Souda.

Auch vielen Umweltschützern sind die militärischen Übungsplätze von Akrotiri ein Dorn im Auge. Sie verlangen für sie Umweltauflagen, wie sie in den westeuropäischen Staaten bereits seit längerem bestehen.

Und noch ein weiterer Stein des Anstoßes: Dass hier NATO-Soldaten stationiert sind – und dann noch von der ehemaligen Besatzungsmacht Deutschland, die so viele Dörfer dem Erdboden gleichgemacht und Frauen und Kinder erschossen hat –, das sieht die kretische Bevölkerung begreiflicherweise nicht gerne.

Deshalb erscheinen die Soldaten außerhalb ihrer Kasernen auch in der Regel in Zivil. Sie haben offenbar Weisung, sich möglichst unauffällig zu verhalten.

Tour 1

Kulturlandschaft Messara-Ebene

*Iraklion → Agia Varvara
(→ *Zaros) → *Gortis → **Phaistos
(Festos) → *Agia Triada →
Matala/Agia Galini (70 km)

In der Messara-Ebene sind einige der bedeutendsten Sehenswürdigkeiten Kretas konzentriert: die minoischen Paläste von Phaistos (Festos) und Agia Triada sowie die römische Hauptstadt Gortis.

Die Ruinen von Gortis liegen weit verstreut in den Olivenhainen, so dass die Besichtigung einen schönen Spaziergang einschließt. Ein Bad im Libyschen Meer bei Matala oder Agia Galini rundet den Ausflug ab.

Die Route führt zunächst durch das Weinanbaugebiet um Iraklion (Weinsorte: Malvasier) hinauf zum Pass bei Agia Varvara. Hier zweigt die Straße nach Zaros und Kamares ab, die entlang der Südhänge des Ida-Gebirges großartige Blicke über Messara-Ebene und Asteroussia-Gebirge bietet. In Zaros lohnen sich ein Forellenessen und eine Wanderung in die grüne Rouvas-Schlucht, deren klares Gebirgswasser einen See und das Becken der Forellenzucht von Zaros speist.

Bei guter Zeitplanung kann die Tour in die Messara-Ebene von Iraklion aus auch mit dem Linienbus gemacht werden. Wer mit dem Auto fährt, sollte sich mehrere Tage Zeit lassen und den Abstecher nach Zaros unbedingt unternehmen. Samstags lohnt sich ein Besuch des Wochenmarktes in Mires.

Nach Agia Varvara

Kurz vor dem Ort Agia Varvara liegt rechts der Straße beim Dorf **Prinias** ein auffälliges Plateau. Darauf lag die Polis Rizinia, deren Funde im »dädalischen Stil« der kretischen Archaik zu den wichtigsten Objekten des AMI in Iraklion gehören. Ein Spaziergang auf dem Polis-Areal lohnt sich – jedoch mehr der Sicht wegen. **Agia Varvara**, 30 km, liegt ziemlich genau auf der Wasserscheide zwischen Nord- und Südküste. Rechts an der Durchgangsstraße befindet sich ein sehenswertes Volkskundemuseum mit traditionellen landwirtschaftlichen Geräten. (Ein weiteres Volkskundemuseum kann man in Vori bei Phaistos besuchen.)

*Zaros und Umgebung

Ein Abstecher führt in das Bergdorf *Zaros (3500 Einw.), 15 km, das am Ausgang der Rouvas-Schlucht liegt. Wanderer können auf einem ausgebauten Pfad von einem künstlichen See mit Taverne bis zu einem Picknickplatz unter Kermeseichen wandern (insges. ca. 5 Std.). Nach 1 km trifft man auf das Kloster *Agios Nikolaos,* dessen Jahresablauf sich auch heute noch am Julianischen Kalender orientiert. Da es Kretas einziges derartiges Kloster ist, leben hier Mönche und Nonnen in zwei Trakten zusammen.

Berghotel **Idi** mit funktionierender Getreide-Wassermühle. Im hoteleigenen Teich Forellenzucht. Gutes Restaurant. Tel. 08 94/313 02. ○○

Zaros hat Kretas einzige Süßwasser-Fischzucht. Die Fischtavernen bieten Forellen und Lachse an, z. B. das **Votomos** an der Straße zum See oberhalb des Idi. ○

Tour 1 Kulturlandschaft Messara-Ebene

Ein **Musikinstrumentenbauer** hat seine Werkstatt an der Hauptstraße.

Wer sich für byzantinische Kunst interessiert, findet in der Umgebung von Zaros in den Kirchen Valsamonero und Vrondisi sehenswerte Malereien im italo-byzantinischen Stil des venezianischen Kreta.

Vor dem **Kloster Vrondisi** steht ein venezianischer Brunnen mit Adam und Eva unter dem Paradiesbaum. Darunter spenden vier Wasserspeier, die die vier Paradiesflüsse symbolisieren, köstliches Quellwasser. Die Türken haben Adam und Eva die Köpfe abgeschlagen, erzählt der einzige Mönch des Klosters. Er zeigt auch einen Raum, in dem Fotos an die Hilfe erinnern, die das Kloster den Widerstandskämpfern in der Türkenzeit und während der deutschen Besatzungszeit zuteil werden ließ.

Die Kirche des ***Klosters Valsamonero** ist noch erhalten, das Kloster ist verlassen. (Schlüssel beim Wärter im 4 km entfernten Vorizia, den zu finden zeitintensiv sein kann.) Die Kirche ist fast ganz mit Fresken ausgemalt (14. bis 16. Jh.), die zu Kretas bedeutendsten byzantinischen Kunstwerken zählen, wie der selten abgebildete Akathistos-Hymnus (ein Marienhymnus, der »nicht sitzend«, akathistos, gesungen wird), und Szenen aus dem Leben Johannes des Täufers.

Die Klöster verbindet ein Fußweg durch eine Schlucht. Den Wandergenuss beeinträchtigt allerdings der Müll, der von der Straße oberhalb der Schlucht »entsorgt« wurde.

*Gortis

Die Ruinen der römischen Hauptstadt Kretas, 45 km, liegen verstreut links und rechts der Straße nach Mires. Ein Streifzug durch das Stadtareal lohnt sich auch über den umzäunten und eintrittspflichtigen Bereich hinaus (s. u., A–C). Man kann auf die Akropolis steigen oder die römisch-kaiserzeitlichen Monumente suchen, die unter den Olivenbäumen der Ausgrabung harren. Ausgetretene Pfade führen zu den Spuren eines Theaters und eines Stadions, zu Heiligtümern und zum riesigen, freigelegten Areal des römischen Prätoriums (Öffnungszeiten: Di–So 8–18, Mo 12.30–18 Uhr).

Von der Tituskirche zur Akropolis

Von der **Tituskirche** Ⓐ aus dem 6. oder 7. Jh. steht allein noch der Altarbereich. Die frühchristliche Basilika hatte drei Längsschiffe und eine Kuppel. Sie barg das Grab des hl. Titus, den der Apostel Paulus auf Kreta zurückließ, damit er die Bevölkerung missionierte. Nach dem Ende der arabischen Herrschaft 961 wurde Gortis nicht wieder besiedelt, Kretas neue Hauptstadt war Iraklion. Dort wurde auch die neue Tituskirche erbaut.

Das ****Recht von Gortis** im Odeion Ⓑ ist der erste schriftlich niedergelegte europäische Rechtskodex. In die hintere Stützwand des römischen Odeions wurden die Blöcke der Inschrift aus dem 5. Jh. v. Chr. als Spolien (d. h. wieder verwendete Architekturteile) eingebaut. Sie war wohl ursprünglich zur allgemeinen Kenntnisnahme auf der Agora von Gortis ausgestellt.

Auf über 600 Zeilen, die in Großbuchstaben alternierend von links nach rechts und von rechts nach links geschrieben sind (in *ordo boustrophedon*, »wie ein Ochsenpflug, der hin- und herzieht«), wurden Gesetze des Privat- und Strafrechts veröffentlicht. Die verschiedenen gesellschaftlichen Schichten, Klassen und Gruppen wur-

*Iraklion → *Gortis → **Phaistos (Festos) → Matala/Agia Galini   Tour 1

den für die gleiche Tat unterschiedlich bestraft. So wurde Ehebruch unter Sklaven mit 60 Obolen geahndet, unter Freien aber je nach den Umständen mit 600 bis 1200 Obolen. Um diese Zahlen einordnen zu können, muss man wissen, dass ein Handwerker damals etwa drei bis sechs Obolen pro Tag verdiente.

Das seltene Exemplar einer immergrünen **Platane** ❸ *(Platanus orientalis var. cretica)* gilt in der Mythologie als der Ort der Vereinigung des Zeus in Stiergestalt mit der Europa. Daraus gingen Minos und seine Brüder Rhadamanthys und Sarpedon hervor.

Von der **Akropolis** ❹ aus, auf der die Reste eines griechischen **Theaters** ❺ stehen, bietet sich ein herrlicher Panoramablick.

- ❶ Tituskirche
- ❷ Odeion
- ❸ Platane
- ❹ Theater
- ❺ Akropolis
- ❻ Isis-und-Serapis-Heiligtum
- ❼ Theater
- ❽ Nymphenheiligtum
- ❾ Thermen
- ❿ Amphitheater
- ⓫ Stadion

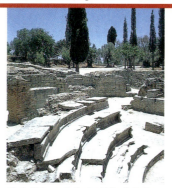

Ein Relikt aus römischer Zeit: die Ruinen des Odeions von Gortis

Weitere Überreste

Das **Isis-und-Serapis-Heiligtum** ❻ dokumentiert, dass die Römer zur Absicherung ihrer Herrschaft die Religionen der unterdrückten Völker, hier der Ägypter, einfach übernahmen.

Weitere Überbleibsel römischer Repräsentationsarchitektur liegen verstreut im Gelände: ein **Theater** ❼, ein **Nymphenheiligtum** ❽ mit Prätorium (Sitz des Statthalters), **Thermen** ❾, ein **Amphitheater** ❿ und ein **Stadion** ⓫.

Mires und der **Palast von Phaistos (Festos)

Mires, 53 km, die Hauptstadt der Messara-Ebene, ist eine wenig attraktive Kleinstadt. Sehenswert ist jedoch der jeden Samstag stattfindende Wochenmarkt, zu dem die Bauern zum Teil noch auf Eseln anreisen.

Von allen kretischen Palästen liegt der Palast von **Phaistos,** 63 km von Iraklion, wohl am schönsten: auf einem Hügel mit Blick auf die bis zum Frühsommer schneebedeckten Berge des Ida-Massivs und auf die weite Messara-Ebene. Die italienischen Archäologen, die hier seit Anfang des 20. Jhs. graben, verzichteten auf Re-

61

konstruktionen mit Beton und Farbe, so dass der Unterschied zwischen Älterer und Jüngerer Palastzeit deutlich wird.

Der westliche Palastbereich

Der **Westhof** Ⓐ stammt ebenso wie die Fundamente, über denen die Besucher hier stehen, aus der Älteren Palastzeit. Nach der Katastrophe um 1700 v. Chr. wurde der neue Palast dann etwa zehn Meter nach Osten verschoben errichtet, man steht vor seiner Außenmauer.

Die **Pithoi** Ⓑ stehen unter einer modernen Schutzdecke aus Beton und stammen aus der Älteren Palastzeit. Unter den Pithoi dienten Kanäle und Becken zum Auffangen von Flüssigkeiten.

Man erkennt **Hausmauern und Gassen** Ⓒ der minoischen Stadt, die einst den Palast umgab. Ebenso wie in Knossos, Malia und Kato Zakros war die Stadt nicht durch eine Mauer vom Palast getrennt.

Ein gepflasterter Weg, der etwas erhöht durch das Häusergewirr führt, ist ein Überrest aus der geometrischen Periode von Phaistos, gehört also zur dorischen Polis.

Zum monumentalen **Eingang** Ⓓ, den Propyläen, führt eine rund 14 m

- Ⓐ Westhof
- Ⓑ Pithoi
- Ⓒ Hausmauern und Gassen
- Ⓓ Eingang
- Ⓔ »Thronraum«
- Ⓕ Magazinräume
- Ⓖ Innenhof
- Ⓗ Lustralbad
- Ⓘ Bronzeschmelzofen
- Ⓙ Haupteingang zum Zentralhof
- Ⓚ »Königliche Gemächer«
- Ⓛ Schatzkammern

PALAST VON PHAISTOS (FESTOS)

breite Treppe hinauf. Möglicherweise diente der Eingangsbereich auch als Ort kultischer Zeremonien.

Die Anlage des **»Thronraums«** **❺** mit benachbartem »Lustralbad« und Magazin ähnelt der in Knossos, aber es wurde kein Thron gefunden.

Merkwürdige (Steinmetz?-)Zeichen befinden sich an den Anten der Zwischenwände der **Magazinräume** **❻**. Anhand des überdachten Magazins erhält man eine gute Vorstellung vom Aussehen auch der anderen Vorratsräume. Einige Pithoi wurden wieder aufgestellt.

Der östliche Palastbereich

An der Westseite des **Innenhofs** **❼**, um den sich alle wichtigen Gebäude gruppieren, sieht man, vertieft in Karrees, das Niveau des Innenhofs der Älteren Palastzeit. Östlich davon befindet sich ein weiteres **Lustralbad** **❽**.

Ein **Bronzeschmelzofen** **❾** weist Schlackespuren auf (umzäunt). Durch den **Haupteingang** **❿** zum Zentralhof gelangt man in die **»Königlichen Gemächer«** **⓫**, die luxuriös ausgestattet waren: Wandverkleidung mit Alabasterplatten, Polythyra, Lichthof.

In den **Schatzkammern** **⓬** fand man Linear-A-Täfelchen und den ****Diskos von Phaistos** (im AMI). Öffnungszeiten: tgl. 8–18 Uhr; im Sommer bis 20 Uhr.

*Agia Triada und Vori

4 km von Phaistos entfernt liegt **Agia Triada,** ein weiterer minoischer Palast. Einige Archäologen deuten ihn als Villa des Herrschers von Phaistos. Er datiert aus der Jüngeren Palastzeit (1700 bis 1450 v. Chr.). Die Mykener haben später auf die zerstörten Grundmauern ein Megaron (Herrenhaus in der Grundform des griechischen Tempels) gesetzt und neben dem Palastareal eine ganze Stadt mit Läden und Marktplatz errichtet. Heute hört man hier nur noch das Zirpen der Zikaden (Öffnungszeiten: tgl. 8.30–15 Uhr).

Im 4 km entfernten Dorf **Vori** dokumentiert ein Volkskundemuseum alle Aspekte des Bauernleben; auf Griechisch und Englisch beschriftete Vitrinen, sehr lehrreich (tgl. 10–18 Uhr).

Zwischen Matala und Agia Galini

Die bekanntesten Badeorte der Messara-Ebene sind **Matala** und **Agia Galini** (je 10 km von Vori entfernt), die oft von den Busausflüglern besucht werden, die vorher Phaistos und Gortis besichtigt haben. In Matala werfe man einen Blick in die Wohn- und Grabhöhlen, von denen die Felswand, die den Strand begrenzt, regelrecht durchlöchert ist. In den späten sechziger Jahren des 20. Jahrhunderts magischer Anziehungspunkt für die »Flower-Power«-Kinder, wurden die Höhlen im darauffolgenden Jahrzehnt unter Denkmalschutz gestellt.

Matala

Empfehlenswert ist das **Hotel Orion,** Tel. 0892/4 21 29. Garten und Swimmingpool. ○○ Nicht schlecht sind auch **Eva-Marin,** Tel. 4 51 25, und **Frangiskos,** Tel. 4 53 80. Alle drei sind moderne Ferienhotels. ○○

Campingplatz: Sehr einfacher Campingplatz.

Empfehlenswert ist das **Scala,** im Süden der Bucht. Spezialität: frischer Fisch, gekocht oder vom Grill. ○

Tour 1 Kulturlandschaft Messara-Ebene

Der Strand von Matala mit seinen Wohnhöhlen

Gemütlich, direkt an der Platia: **Die zwei Brüder von Matala** – man spricht Deutsch. ○

Agia Galini

Der wunderschön gelegene Ort zieht sich den Hang hinauf. Passable Pensionen sind das **Andromeda,** Tel. 08 32/9 12 64, und **Rea,** Tel. 9 13 90. Beide ○○ Intim und gemütlich mit Blick über Hafen und Meer ist das **Candia,** Tel. 9 12 03. ○

Campingplatz: Camping Agia Galini – schöner Platz außerhalb des Ortes in Richtung Timbaki.

Der Besitzer der Fischtaverne **Faros** in der Parallelgasse zur Hauptstraße ist Fischer. ○

Ruhiger geht es im Strandort **Kalamaki** oder – im Landesinneren – in **Pitsidia** zu. Man wohnt hier in Privatquartieren und nimmt die 3 km Fußweg zum Strand Kommos gern in Kauf.

Kretas bekannteste Hochebene

Von *Iraklion oder *Agios Nikolaos über Psichro zur **Lassithi-Hochebene (45 km)

Die Schwemmland-Hochebene von **Lassithi ist bekannt wegen ihrer weiß bespannten Windräder, die im Hochsommer Grundwasser zur Bewässerung auf die Felder pumpen. Leider müssen jedoch immer mehr dieser Windräder der Motorpumpe weichen.

Immer wieder ein reizvoller Anblick: die Windmühlen der Lassithi-Hochebene

Von hier aus lassen sich Wanderungen in die Bergwelt des Dikti-Massivs unternehmen, hier lohnt sich ein Abstieg in die Geburtshöhle des Zeus. Und wer im Sommer die Hitze auf den Ebenen nicht mehr erträgt, wird sich in der klaren Bergluft wohler fühlen.

Es gibt eine Zufahrt von Iraklion und eine von Agios Nikolaos. Beide winden sich über zahlreiche Kurven hinauf und überqueren einen Pass mit schönem Ausblick auf die fast runde Ebene.

Alle Dörfer liegen am Rande des Plateaus, damit kein kostbares Ackerland durch Haus- und Straßenbau vergeudet wird. Angebaut werden vorwiegend Kartoffeln, Gemüse und Kernobst.

Ab *Iraklion kann man den Linienbus nehmen, der morgens hin- und nachmittags zurückfährt. Der Linienbus ab *Agios Nikolaos kehrt gleich nach seiner Ankunft auf der Ebene wieder zurück, so dass man ein Mietfahrzeug braucht, wenn man länger hierbleiben will. Eine Alternative wäre es, in einem der Dörfer zu übernachten.

Zur *Zeushöhle von Psichro

Ein kurzer Abstecher aus Richtung Iraklion zur knorrigen Platane von **Krassi** ist empfehlenswert. Neben dieser größten Platane Kretas sitzt man angenehm im Kafenion, genießt vielleicht einen Raki aus heimischer Produktion und trinkt dazu das gute Quellwasser aus dem venezianischen Brunnen.

Lohnend ist auch ein Halt am Kloster der **Panagia Kera.** Seine Fresken (14. Jh.) ähneln denen der Panagia in Kritsa.

Die ***Zeushöhle von Psichro** (Diktäische Grotte, *Diktäo Andro*) ist eine minoische Kulthöhle mit Stalagmiten und Stalaktiten, in der die Griechen später den Göttervater Zeus, der hier geboren sein soll, verehrten. Ein

Schlund führt 70 m in die Tiefe, man steigt auf Felsstufen hinab (festes Schuhwerk ist unbedingt erforderlich).

Höhlen- und Maultierführer bieten auf dem Parkplatz, 20 Gehminuten unterhalb des Höhleneingangs (Eintrittsgebühr), mit Lampen ihre Dienste an. Eine Alternative wäre es, selbst eine Taschenlampe mitzunehmen (Öffnungszeiten: April–Okt. tgl. 9.30 bis 16 Uhr).

Agios Georgios

Die Hauptsehenswürdigkeit des ruhigen Dorfes war bislang sein **Volkskundemuseum,** das in einem festungsartigen Dorfhaus aus dem 19. Jh. untergebracht ist. Das Gebäude hat keine Fenster, denn damals drohten Türkenüberfälle.

Nun hat das Volkskundemuseum mit dem neu errichteten **Venizelos-Museum** Konkurrenz bekommen. Das Leben und Wirken des aus Kreta stammenden ehemaligen griechischen Ministerpräsidenten Eleftherios Venizelos wird hier anschaulich dargestellt (Öffnungszeiten: beide Museen tgl. 10–16 Uhr).

 Einfache, aber gute Pension in **Tzermiado,** dem grünen Hauptort der Ebene: **Kourites,** Tel. 08 44/2 21 94. Das Sieben-Zimmer-Hotel am Ortsausgang in Richtung Psichro hat ganzjährig geöffnet. ○

▌ Etwas bescheidener ist das nett eingerichtete Sieben-Zimmer-Hotel **Rea** in Agios Georgios, Tel. 08 44/3 12 09, mit Restaurant. ○

▌ Ein eigenes Restaurant besitzt auch das kleine Hotel **Zeus,** Tel. 08 44/3 12 84, in Psichro (6 Zimmer). ○

Tour 3

Die Nordküste östlich von *Iraklion

*Iraklion → Chersonissos → Malia → **Palast von Malia → *Agios Nikolaos (70 km)

Diese Route führt durch ein Gebiet, das fest in der Hand des Pauschaltourismus ist. Zwischen Iraklion und Malia ist Kreta nur wenig attraktiv. Die Bausünden der sechziger Jahre – Hochhaushotels, klotzige Appartementkomplexe, dazwischen Verkaufsbuden und Restaurants, die ohne Entwicklungsplan und ohne Infrastrukturmaßnahmen in eine agrarisch genutzte Landschaft oder unmittelbar an die laute Durchgangsstraße gesetzt wurden – sind heute kaum mehr rückgängig zu machen. Doch auch diese Route bietet einige Höhepunkte. Der minoische Palast von Malia ist eine der Hauptsehenswürdigkeiten Kretas, und hier, zwischen Palast und Meer, findet

TOUREN 2 UND 3

***Iraklion → Malia → **Palast von Malia → *Agios Nikolaos   Tour 3**

man auch ein Stück unbebauter, naturgeschützter Küste. Noch einsamer ist es im Landschaftsdreieck zwischen Sissi, Agios Nikolaos und dem Kap Agios Ioannis. In den ärmlichen Dörfern dieser Halbinsel leben nur noch Alte und Kinder; wer im Erwerbsalter ist, arbeitet in den Touristenzentren. Milatos hat sogar noch die viel beschworene Atmosphäre des romantischen Fischerdorfes mit nur wenigen Touristen.

Linienbusse verkehren stündlich zwischen Iraklion und Agios Nikolaos. Wer das Naherholungsgebiet der Einwohner Iraklions kennen lernen möchte, sollte statt der Schnellstraße die alte Straße, die bis Gouves abwechselnd an der Steilküste und an den Stränden entlangführt, wählen.

Zwischen Iraklion und Chersonissos

Amnissos, 8 km, war einst einer der Häfen von Knossos, die Minoer zogen hier ihre Schiffe an den Strand. Heute wirken die Ruinen einer minoischen Villa neben einer Go-Kart-Bahn und

In ländlichen Gebieten ist der Esel nach wie vor als Arbeitstier gefragt

einem Reitstall in der Nähe leicht deplatziert. In diesem »Haus des Hafenkommandanten« fand man das berühmte Fresko mit den Lilien, das jetzt eines der Glanzstücke in der Freskenabteilung des AMI in Iraklion ist. Die Reste einer weiteren, besser erhaltenen minoischen Villa stehen bei **Nirou Chani,** 14 km, direkt an der Straße. Hier staunten die Ausgräber

Tour 3 Die Nordküste östlich von Iraklion

einst über ein Großdepot minoischer Bronzeäxte, von denen einige heute im Saal VII des AMI ausgestellt sind.

Zwischen diesen Überbleibseln minoischer Kultur erstrecken sich einige schöne Strände: der staatliche EOT-Strand bei **Karteros** (Eintrittsgebühr, dafür Duschen, Badekabinen, Schatten und ein gepflegter Rasen) und der schmale Strand von **Tobruk** mit einer guten und preiswerten Fischtaverne. Bis hierher und mit einem Schlenker zum EOT-Bad fahren die Stadtbusse ab der Platia Eleftherias in Iraklion (im Sommer etwa alle 20 Minuten).

> **Tipp** Bei **Hellas Bike Travel** (unter deutscher Leitung) in Kato Gouves können Räder ausgeliehen und Tagestouren mit Begleitbus für Anfänger und Fortgeschrittene gebucht werden (Tel. und Fax 08 97/4 11 03).

Der Kräuter- und Bioladen **Natura** in Kato Gouves offeriert typisch kretische Lebensmittel wie Olivenöl vom Bauern, Hausweine und echten Thymianhonig.

Chersonissos

Einst gemütlicher Fischerhafen – daher heißt der Ort eigentlich Limin (»Hafen«) Chersonissou –, ist Chersonissos, 26 km, heute im Sommer ein Hort des Pauschaltourismus mit Hotels und vielen Läden. Im Winter verkommt der Ort zur Geisterstadt. An frühchristlicher Kunst Interessierte können am Hafen die Fußbodenmosaiken zweier Basiliken besichtigen (das eine auf dem Gelände des Hotels »Nora«, das andere, umzäunt, direkt am Hafen).

Der kretischen Volkskunde widmet sich das Privatmuseum »Lychnostatis«, 500 m östlich vom Zentrum

Der Strand von Chersonissos

(Öffnungszeiten: tgl. außer Mo 9.30 bis 14 Uhr).

In den Gartenanlagen der berühmten Luxushotels von Chersonissos merkt man von der Landschaftszerstörung ringsum zum Glück nicht viel. Ein Klassiker dieser Luxushotellerie ist das 1000-Betten-Haus **Creta Maris** mit Strandhotel und separaten Bungalows, die ägäischer Architektur nachgestaltet sind. Tel. 08 97/2 21 15, Fax 2 21 30. ○○○
▌ Schöner als in den Betonklötzen des Massentourismus wohnt man in privat geführten Pensionen.
Eine davon ist das **Selena,** Akti Maragaki 13, Tel. 2 24 12. Ruhig gelegen, hübsche Zimmer mit Bad. Taverne im Haus. ○
▌ Preisgünstig übernachtet man auch in der ruhigen Familienpension **Erato** in Gournes, Tel. 0 81/76 12 77. ○

Am besten und in schöner Umgebung isst man in den Dörfchen Piskopiano, Koutouloufari

*Iraklion → Malia → **Palast von Malia → *Agios Nikolaos — Tour 3

und Epano-Chersonissos, z. B. im **Bleu Porta,** wo Spezialitäten der Region angeboten werden. ○

Malia

Ebenfalls ein Zentrum des Pauschaltourismus, das von Souvenirläden und Fastfood-Buden dominiert wird, ist Malia, 34 km. Doch hier finden Neugierige rechts der Straße immerhin noch den alten Ortskern mit Kirche, Platia und schönen Dorfhäusern.

Vor dem flachen Sandstrand von Malia liegt malerisch auf einer Insel die weiße Kapelle des Agios Nikolaos, des Heiligen der Seefahrer.

!! Vorsicht vor tückischen Strömungen, die die Badenden hier aufs Meer hinaustreiben! Hier haben schon einige Touristen ihr Leben gelassen.

Wer dem organisierten Tourismus entfliehen möchte, kann sich ins weniger besuchte *Sissi* zurückziehen. Dort ist man mit der kleinen, preiswerten, sehr ruhig gelegenen und familiär geführten Appartementanlage **Aeolos** gut bedient. Das deutsch-griechische Besitzerehepaar veranstaltet Grillabende und verbessert damit die Kommunikation unter den Gästen. Tel. 08 41/ 2 29 21. ○

Für Individualtouristen genau richtig ist das **Hotel Mary** in Mochos, Tel. 08 97/6 15 26. Freundlicher Familienbetrieb mit schönen, geräumigen Zimmern mit Balkon. Swimmingpool vorhanden. ○

Relativ gut und auch preiswert isst und trinkt man in der Fischtaverne **Malia Port** am alten Hafen sowie in den Tavernen im alten Ortskern rund um die Platia. Hier wird auch noch offener Landwein ausgeschenkt. ○

Besser bedient wird man jedoch außerhalb Malias, zum Beispiel am Hafen von Sissi oder in Milatos (10 km bzw. 20 km östlich) oder sogar in der Schnellstraßenraststätte **Latsida** am Tunnel zwischen Malia und Agios Nikolaos. Ihre Spezialität sind Schnecken und Souvlaki. ○

**Palast von Malia

Der drittgrößte minoische Palast liegt 37 km von Iraklion entfernt abseits der Hauptstraße zwischen Olivenhainen und der unbebauten Nordküste. Französische Archäologen graben hier (mit Unterbrechungen während und kurz nach dem Zweiten Weltkrieg) bis heute.

In den letzten Jahren wurde als neue Attraktion die Wohnstadt freigelegt, die man in keiner anderen Palastausgrabung so gut erhalten sehen kann. Der griechische Staat hat mit EU-Beihilfe große hölzerne Schirmdächer errichtet, um die Ruinen vor Regen und Touristenfüßen zu schützen.

Vom Westhof zur »Pfeilerkrypta«

Man betritt die Ausgrabungsstätte über den **Westhof** Ⓐ mit den erhöhten Prozessionswegen. Etwas südlich liegt der **Magazintrakt** Ⓑ mit vier runden Getreidesilos.

In die 34 kleinen und zwei großen Mulden des **Kernos** Ⓒ, eines Opfersteins, legten die Minoer, vermutlich als Weihegeschenk an die Große Göttin, Erstlingsgaben, verschiedene Samen, Brot, Wolle oder Olivenöl.

Der große **Innenhof** Ⓓ des Palastes weist einen Brandaltar (»Eschara«) in seiner Mitte auf. Auf den erhalten

Seite 66

Tour 3 Die Nordküste östlich von Iraklion

gebliebenen Ziegelsteinen lag einst ein Rost, auf dem Opfertiere verbrannt wurden.

An der Ostseite stößt man erneut auf **Magazine ❺** mit Pithoi.

Auf der anderen Seite des Mittelhofes liegt die **»Pfeilerkrypta« ❻**, den Funden nach zu urteilen ein wichtiges Heiligtum.

Vom Thronraum zu den Magazinen

Unterhalb des so genannten **Thronraums ❼**, dort, wo der Herrscher sich zu festlichen Anlässen umkleidete, wurden wertvolle Funde gemacht, z. B. ein Zepter mit Pantherkopf (jetzt im AMI in Iraklion).

Die **Halle ❽** mit starken Pfeilern hat vermutlich als Festsaal gedient.

Nördlich davon befand sich ein **Heiligtum ❾**, ein schräg gestelltes Gebäude aus mykenischer Zeit.

An den **Nordhof ❿** schließen sich im Norden und Osten Magazine und Werkstätten an.

- ❶ Westhof
- ❷ Magazintrakt
- ❸ Kernos
- ❹ Innenhof
- ❺ Magazine
- ❻ »Pfeilerkrypta«
- ❼ Thronraum
- ❽ Halle
- ❾ Mykenisches Heiligtum
- ❿ Nordhof
- ⓴ Wohnräume
- Ⓛ Magazine

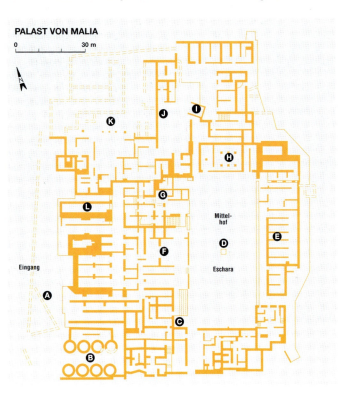

Die Archäologen haben **Wohnräume ⓚ** mit Garten sowie weitere **Magazine ⓛ** freigelegt.

Nördlich des Palastes liegen Reste eines Gebäudekomplexes, den die französischen Archäologen analog zum Marktplatz der griechischen Polis »Agora« tauften. Sehenswert darin ist ein eingetiefter Raum mit umlaufenden Bänken, dessen einstige Funktion allerdings bis heute nicht eindeutig feststeht. Öffnungszeiten: Di–So 8.30 bis 15 Uhr.

Busverbindung: Stündlich Iraklion–Agios Nikolaos. Die Busse halten an der Abzweigung zum Palast. Dann ist es zu Fuß noch 1 km weit.

Am Palast gibt es kein Restaurant, bisweilen aber einen Imbisswagen.

Vorbei an Neapolis, von wo aus die Straße über viele Dörfer auf die Lassithi-Hochebene führt, erreicht man schließlich ***Agios Nikolaos,** 70 km (s. auch S. 47).

Wanderung nach Sissi

Vom Palast geht es querfeldein zur Küste und weiter an den Klippen und Stränden entlang nach **Sissi** (1,5 Std.). An der Küste passiert man die Ruinen der »Goldgrube« **Chrissolakkos,** des Friedhofs von Malia, wo die berühmten goldenen »Bienen von Malia«, eine Grabbeigabe, gefunden wurden. Sie zeigt zwei Bienen, die Honig in eine Wabe bringen. Kopien davon kann man bei Juwelieren kaufen. Das nahe Sumpfgebiet ist Brutplatz vieler Vögel.

Tour 4

Kretas wilder Osten

*Agios Nikolaos → *Gournia (→ Ierapetra) → Sitia → *Toplou → *Vaï → Kato Zakros (120 km)

Die kurvenreiche Schnellstraße, die von Agios Nikolaos (s. S. 47) um den Mirabello-Golf herum nach Sitia führt, bietet die schönsten Panoramen Kretas. Weit unterhalb der Straße glitzert das blaue Meer, in der Ferne leuchten die weißen Häuser von Agios Nikolaos. Die der Küste vorgelagerten Inseln Mochlos und Psira waren einst minoische Siedlungsplätze. Hinter Sitia ändert sich das Bild. Die Vegetation wird karger, das Land kahler: eine Mondlandschaft mit sanft geschwungenen Hügeln. Kilometerweit liegt die Gegend wie ausgestorben da; verlassene, zerfallene Häuser zeugen von der Landflucht nach Iraklion, Athen oder in die Industriestaaten.

Wie Oasen in der Wüste wirken der Palmenstrand von Vaï und das Gebiet um den Palast von Zakros am Ausgang des »Tals der Toten« mit seinen Bananenplantagen. In der Hochsaison sind diese Orte allerdings stark überlaufen. Außerdem liegen an dieser Route das »minoische Pompeji«, Gournia, die geruhsame, einst venezianische Hafenstadt Sitia und das festungsartig angelegte Kloster Toplou.

Die Tour kann mit Linienbussen unternommen werden, dauert dann aber mindestens zwei Tage (Zwischenüber-

Seite 73

Weit schweift der Blick über den malerischen Golf von Mirabello

nachtung in Sitia, Palekastro, Zakros oder Kato Zakros). Allerdings fahren die Busse nur in der Hochsaison bis hinunter nach Kato Zakros, sonst endet die Linie im oberen Zakros (Pano Zakros).

*Gournia

Das »minoische Pompeji«, Gournia, 19 km, liegt auf einem Hügel in Meeresnähe, dort, wo an der »Wespentaille« Kretas einst der minoische Landweg in das 14 km entfernte Ierapetra an der Südküste führte. Freigelegt wurde eine »Stadt der kleinen Leute« aus der Jüngeren Palastzeit mit Wohnhäusern, Werkstätten und Läden.

Gournia wurde nach urbanistischen Gesichtspunkten angelegt: Zentrum ist ein Versammlungsplatz oben auf dem Hügel, daneben ein so genanntes Herrenhaus und ein Heiligtum. Gepflasterte Straßenzüge trennen die einzelnen Viertel voneinander. Die Häuser waren zwei- bis dreistöckig und ineinander verschachtelt. Im Erdgeschoss kam das Vieh unter, und hier lagerten auch die Vorräte; oben waren die Wohnräume. An Hohlräumen im Mauerwerk erkennt man, dass Fachwerk verwendet wurde. Hin und wieder sind Tränken (griech.: *gournes*) für das Vieh im Boden eingelassen, daher hat die Stadt ihren (nichtminoischen) Namen. Gournia wurde zeitgleich mit Knossos zu Beginn des 20. Jhs. ausgegraben. Leiterin der Grabung war die Archäologin Harriet Boyd-Hawes. Öffnungszeiten: Di–So 9–15 Uhr.

Abstecher nach Ierapetra

Ierapetra (11 000 Einw.), 14 km, die viertgrößte Stadt Kretas und die südlichste Europas, ist in dem kleinen Teil der Altstadt mit einer Moschee und am städtischen Sandstrand, an dem Fischer unter Tamarisken ihre Netze flicken und in dessen Tavernen man sich entspannen kann, recht attraktiv. Kunst- und Geschichtsinteressierte finden ein kleines Archäologisches Museum und eine venezianische Festung vom Beginn des 13. Jhs. Im **Archäologischen Museum** befinden sich lokale Funde; beeindruckend ist der große Kalksteinsarkophag aus Episkopi mit Abbildungen kretischer Wildziegen. Gute Bademöglichkeiten bietet der kilometerlange Sandstrand am östlichen Ortsende.

Ierapetra Express, Platia E. Venizelou, Tel. 08 42/2 86 73 oder 2 24 11, Fax 2 83 30.

Busverbindungen: Tägliche Verbindungen nach Mirtos und Makrigialos, nach Sitia sowie über Viannos nach Iraklion.

Gehobene Strandhotel-Klasse: **Petra Mare** am östlichen Stadtende, direkt am Strand, mit 219 Zimmern, Schwimmbad und guten Was-

*Agios Nikolaos → *Gournia → *Toplou → *Vaï → Kato Zakros   Tour 4

sersportmöglichkeiten, Tel. 08 42/ 2 33 41/9, Fax 2 33 50. ○○○
▪ Modern, zentral und ganzjährig geöffnet: **Zakros Hotel** in der K. Adrianou 12, 100 m bis zum Strand, Tel. 2 41 01, oder in der Odos Michali Kothridas das moderne Strandhotel **Camiros,** Tel. 2 87 04. Beide ○○

Unter den zahlreichen Bars und Tavernen an der Promenade ist das **Castello** etwas Besonderes. Hervorragende Fischgerichte und leckere Vorspeisen. ○○
▪ Gute Qualität bietet das **Napoleon** an der Uferpromenade. ○

Küstenorte um Ierapetra

Westlich und östlich von Ierapetra gibt es einige schöne Strände und wenig besuchte Fischer- und Bauernorte, die im Sommer vorwiegend von Rucksacktouristen bevölkert sind.

Mirtos, 12 km westlich. 2 km östlich vom Ort liegt auf dem Hügel Fournou Korifi eine interessante Ausgrabungsstätte: eine Kleinstadt aus der Vorpalastzeit, in der eine Sippe von vielleicht 200 Leuten in ca. 90 verschachtelten Räumen lebte. Ein »Herrenhaus« hat man nicht gefunden, die Bevölkerung lebte in jener Zeit vor der Staatsentstehung offenbar noch in urdemokratischen Verhältnissen.

Tipp Wanderlustige können die **Sarakina-Schlucht** durchwandern, die an ihrer engsten Stelle an die Samaria-Schlucht erinnert (Anfahrt über Mili und Males).

Esperides. Hotel neueren Datums und beste Adresse in Mirtos, Tel. 08 42/5 12 07, Fax 5 12 98, mit Schwimmbad. ○○
▪ **Mirtos,** Tel. 5 12 27, Fax 5 12 15, ist ganzjährig geöffnet und liegt mitten im Ort. ○

An der Bushaltestelle bietet die Taverne **Iannis** Hausmannskost und Fasswein. ○

Arvi, 42 km westlich von Ierapetra, liegt am Ausgang einer Schlucht umgeben von Bananenfeldern und Gewächshäusern. Das wohlhabende Dorf wurde in den letzten Jahren zum Anziehungspunkt für Tagesausflügler.

Ariadni, kleines Hotel mit nur 14 Zimmern, Tel. 08 95/3 12 00. ○

Tour 4 Kretas wilder Osten

Gasse mit Meerblick in dem weißen Städtchen Sitia

Keratokambos, 52 km westlich von Ierapetra, ist umständlich zu erreichen und daher wenig besucht. Unterkunft findet man in Privatzimmern.

Östlich von Ierapetra erstreckt sich der Strand von **Makrigialos,** 25 km. An dem kilometerlangen Strand gibt es Restaurants und Privatzimmer.

Fährverbindungen: Im Sommer fahren Ausflugsdampfer ab Ierapetra und Makrigialos zu den Inseln Chrissi und Koufonissi mit ihren wacholderbewachsenen Dünen und Stränden. Auf den unbewohnten Inseln kann man zelten. Eine Taverne ist vorhanden.

Nach Sitia

Die Fahrt von Gournia nach Sitia führt über Platanos: schönes Panorama des Mirabello-Golfes, tief unten liegt das blaue Meer im gleißenden Sonnenlicht. An der gegenüberliegenden Straßenseite befinden sich eine Quelle mit gutem Trinkwasser, die Kapelle des Agios Nektarios und zwei Restaurants.

In **Sitia** (9000 Einw.), 73 km, der weißen Kleinstadt am Meer, geht es gemächlich zu. Sitia hat keine spektakulären Sehenswürdigkeiten und keine guten Strände zu bieten. Zentrum der Stadt ist die Platia am Hafen mit ihren Cafés und Tavernen, oberhalb des Ortes steht weithin sichtbar die venezianische Festung *Kasarma* (von ital. *casa di arma*). Zwei Museen können besichtigt werden, sind aber nicht unbedingt ein Muss: ein **Archäologisches Provinzmuseum** an der Ausfallstraße nach Piskokefalo mit Funden aus der Umgebung und ein **Volkskundemuseum** in der Odos Kapetan Sifi 28 mit landwirtschaftlichen Geräten, Hausrat und Webarbeiten.

EOT-Büro, Platia Iroon Politechniou, Tel. 08 43/2 49 55.

Busverbindungen: Vom Busbahnhof in der Odos Karamanlis etwa stündlich nach Vaï und Zakros sowie Richtung Iraklion.
Flugverbindungen: Nur Inlandflüge (Athen, Karpathos und Rhodos). Vom Büro der Olympic Airways, Venizelou 56, Transferbusse zum Flughafen.

*Agios Nikolaos → *Gournia → *Toplou → *Vaï → Kato Zakros   Tour 4

Fährverbindungen: Etwa zweimal wöchentlich nach Karpathos und Rhodos sowie über Santorin nach Piräus.

 Außerhalb der Stadt Richtung Vaï das 160-Zimmer-Strandhotel
■ **Helios Club,** Tel. 08 43/2 88 21, Fax 2 88 26. ○○○
■ **Archontiko,** Odos I. Kondilaki 16, Tel. 2 81 72. Charmantes neoklassizistisches Haus. Private Atmosphäre. Etagendusche. ○
Am Stadtrand (Feldweg beim Archäologischen Museum) liegt das **Finikas,** Tel. 2 81 00. ○

Sorbas, am Hafen, Platia K. Zotou, mit großer Auswahl an Speisen. Hier wird der lokale Wein »Agrilos« ausgeschenkt (weiß, rosé und rot). Und falls es hier voll ist, kehrt man in der nahe gelegenen **Sitia Taverna** ein. Tolle Fischgerichte. ○–○○

Tipp Auf Kreta berühmtes Trockengebäck und traditionelle Kuchen kann man in der Konditorei **Sfirakis** probieren, Venizelou 95-113.

An der Hauptstraße nach Vaï und in Sitia selbst (Kornarou 118) stellt **Jannis Pottery** seine Gefäße aus. Hausgemachten Raki kann man in der Schnapshandlung **Kokolakis,** Kornarou 100, kaufen.

Von *Toplou zum Palast von Kato Zakros

Die Klosterburg ***Toplou,** 94 km, liegt in der unbesiedelten Mondlandschaft des wilden Ostens Kretas. Der Name des Klosters leitet sich von Türkisch »top« (»Kanone«) her. In der Klosterkirche befindet sich eine sehenswerte Ikone mit miniaturhaften Darstellungen, die an die naive Bauernmalerei Brueghels erinnern. Ein Laden auf dem Klostervorplatz verkauft Reproduktionen von Ikonen, und es gibt auch ein Café. Toplou wird bei den Busausflügen nach Vaï und Kato Zakros angefahren (Öffnungszeiten: tgl. 9–13 und 14–18 Uhr).

Oberhalb des Klosters ist vor ein paar Jahren der erste Windenergiepark Kretas errichtet worden.

Unter Palmen
*Vaï, 105 km, ist ein sehr schöner Sandstrand, im Sommer allerdings überlaufen. Unterkunftsmöglichkeiten gibt es nicht, denn Vaï ist wegen seiner einzigartigen Natur-Sehenswürdigkeit geschützt: Eine endemische Palmenart, *Phoenix theophrasti,* bildet hier einen Hain. In ganz Griechenland wächst die Theophrast-Palme nur auf Kreta wild.

Nördlich von Vaï gibt es noch weitere ebenso schöne und weniger besuchte Strände, allerdings ohne Infrastruktur.

Busverbindung: Linienbus nach Sitia.

Mehrere Restaurationsbetriebe sorgen für das leibliche Wohl der Ausflügler.

Die Straße von Vaï über Palekastro zum Palast von Kato Zakros, 118 km von Iraklion, führt durch eines der ärmsten, weil trockensten Gebiete Kretas. Viele Dörfer sind verfallen, ihre Bewohner weggezogen. Nur Alte und Kinder sind zurückgeblieben. Eine Ausnahme ist das Dorf **Pano** (»das obere«) **Zakros,** das es dank des touristischen Durchgangsverkehrs und einer Quelle zu einem gewissen Wohlstand gebracht hat. Dieses Quellwasser hat im Laufe der Jahrtausende das **»Tal der Toten«** gebildet, das so ge-

Tour 4 Kretas wilder Osten

Vaï kennt man vor allem wegen des berühmten Palmenstrandes

nannt wird, weil die Minoer in den Felshöhlen seinerzeit ihre Toten zu bestatten pflegten.

Tipp Lohnend ist eine **Wanderung** in diesem gewaltigen Cañon ohne Frage. Der Einstieg ist 3 km hinter dem Ortsende von Pano Zakros. Der Weg ist mit roten Punkten markiert und führt auf dem Schluchtgrund am Bach entlang bis zu den Bananenplantagen des Schwemmlandes an der Bucht von Kato Zakros (dann links abbiegen zum Palast). Ein Bad im nahen Meer kann die rund zweistündige Wanderung beschließen.

****Palast von Kato Zakros**

Der vierte ausgegrabene minoische Palast Kretas (es gab noch andere, die aber noch nicht vollständig freigelegt sind) lag direkt am Meer. Heute verläuft die Küstenlinie ca. 80 m weiter östlich, bedingt durch das Schwemmland des Flusses, der durch das »Tal der Toten« fließt. Die Lage im Osten Kretas war handelspolitisch besonders günstig. Auf dem Seeweg waren die »Märkte« Ägyptens und des Vorderen Orients von hier aus am schnellsten zu erreichen. Gefunden wurden Elfenbeinzähne und andere Exotika, offenbar Importe aus Übersee. Nachdem Archäologen hier schon lange eine Residenz vermutet hatten, begann

Landeinwärts liegen die Reste des Palastes von Kato Zakros

der Engländer D. G. Hogarth 1901 zu graben. Systematische Grabungen unternahm ab 1962 Nikolaos Platon. Bis heute sind rund 100 Räume freigelegt. Die vielen kostbaren Funde – der Palast wurde als einziger nie geplündert – sind im AMI in Iraklion.

Der Bau zeigt die typischen Merkmale der Palastarchitektur: Innenhof, Lustralbäder, Magazine, Pfeilerkrypten und Polythyra. Anders als in Knossos wurde hier auch die Wohnstadt mit freigelegt. In einem der zahlreichen Wasserbecken auf dem Palastareal hat man über 3000 Jahre alte Oliven gefunden.

Eine Seltenheit ist der Bronzeschmelzofen am Eingang. Durch Kanäle, die zu- und abgedeckt wurden, steuerte man die Luftzufuhr zum Bronzeschmelzen. Holzkohle und Erz wurden dazu schichtweise im Ofen gestapelt. Das flüssige Metall konnte durch eine Tülle abfließen. Öffnungszeiten: Mo–Sa 9–17, So 10–17 Uhr.

 Die Tavernen am Strand von Kato Zakros vermieten Zimmer.

Tour 5

Ins *Ida–Massiv

*Iraklion → *Tilisos → *Anogia → Nida-Hochebene → *Ida-Massiv
(54 km)

Diese Bergtour führt zunächst über Tilisos mit seinen minoischen Villen nach Anogia. Aus diesem größten kretischen Bergdorf stammen bedeutende Lyra-Spieler und Partisanen, und ähnlich wie in Kritsa werden hier Webarbeiten hergestellt.

Eine inzwischen asphaltierte Straße zieht sich hinauf auf die Nida-Hochebene, auf der Schafzüchter ihre Mitata (Käsereien samt Pferch und Schlafstätten, nur im Sommer genutzt) unterhalten. Von hier aus lässt sich der höchste Berg Kretas, der Psiloritis (2456 m), an einem Tag besteigen. Zwei andere Wanderrouten führen auf einem Maultierpfad quer durchs Gebirge nach Kamares und durch die Rouvas-Schlucht nach Zaros (je 5–6 Std.).

Bis Anogia fahren mehrmals am Tag Linienbusse. Hinauf zur Nida-Hochebene geht es dann mit dem Taxi.

Nach *Tilisos und Slavokambos

Wer sich minoische Hausruinen einmal in aller Ruhe anschauen möchte, ist in *Tilisos, 14 km, richtig. Von der minoischen Stadt sind bisher nur drei gut erhaltene villenartige Stadthäuser der Jüngeren Palastzeit ausgegraben worden (Häuser A, B und C). Sie wurden in den Jahren 1902–1913 von J. Chatzidakis freigelegt. Weitere Häuser, auch die der ärmeren Bevölkerung, liegen unter dem heutigen Tilisos. Nach dem Friedhof, der erfahrungsgemäß die reichsten Funde – Grabbeigaben – verspricht, suchen die Archäologen noch.

Die Villen zeigen die typischen Merkmale gehobener minoischer Architektur: monumentale Eingangsbereiche mit Polythyra, Lustralbädern, Pfeilerkrypten und Magazinen sowie Toiletten mit Wasserspülung (zum Beispiel im Südtrakt von Haus A).

Aufmerksame Betrachter erkennen, dass die Villen auf älteren Mauerzügen errichtet worden sind. Sie gehören zu Vorläuferbauten der Älteren Palastzeit und der Vorpalastzeit. An der Nordostecke von Villa C dagegen überschneidet eine große, runde Zisterne mit Treppe den Lichthof, es handelt sich um einen späteren mykenischen Umbau der Anlage.

Ein paar Meter westlich der Zisterne steht ein klassischer Altar in einem Temenos. Somit reicht die Siedlungskontinuität von Tilisos von der Vorpalastzeit bis zur klassischen Zeit, umfasst also rund 1500 Jahre.

Das heutige Tilisos ist ein uriges Weinbauerndorf mit lauschiger runder Platia. Nur wenige Touristen verirren sich hierher.

Am Ausgang einer Schlucht, durch welche die Straße nach Anogia führt, liegt direkt links von der Straße **Slavokambos,** 22 km, das Ausgrabungsfeld einer einzelnen minoischen Villa. Ihr Entdecker und Ausgräber war Spiridon Marinatos, der später durch die spektakuläre Ausgrabung von Akrotiri auf Santorin bekannt geworden ist. Zu erkennen sind ein Polythyron und eine Pfeilerkrypta. Der schlechte Zustand der Ausgrabung geht auf deutsche Soldaten zurück, die die Mauern im Zweiten Weltkrieg verwüsteten.

Seite 81

In Anogia kann man geschmackvolle Webwaren erstehen

*Anogia

Das große kretische Bergdorf ***Anogia** (2500 Einw.), 34 km, liegt auf 800 m Höhe an den Hängen des ***Ida-Massivs**. Ein Aufenthalt lohnt sich der klaren, frischen Bergluft wegen, aber auch, um Wanderungen zu unternehmen. Die Straße führt eine schöne Allee entlang direkt auf den Rathaus- und Kirchplatz des oberen Anogia. Auf dem Platz erinnert ein Kriegerdenkmal, ein Kreter mit Säbel und Muskete, an die Revolten gegen die Türken.

Doch Widerstand leisteten die Anogianer auch gegen deutsche Besatzer im Zweiten Weltkrieg. Am 15. August 1944 wurde das Dorf bis auf die Grundmauern von deutschen Truppen zerstört. Alle Männer, derer die Deutschen im Umkreis von 2 km habhaft werden konnten, wurden hingerichtet.

Heute besucht man als Deutscher Anogia mit einem Gefühl der Beklemmung. Doch die Anogianer stehen den Touristen nicht nachtragend gegenüber, kommen sie doch nicht mehr als Eindringlinge, sondern als Gäste. Au-

Die Zerstörung von Anogia

Wie kam es zu dieser grässlichen Tat? Im Sommer 1944 befand sich die deutsche Wehrmacht an allen Fronten auf dem Rückzug. In Griechenland und besonders auf Kreta versuchten Partisanen, den Rückzug zu beschleunigen. Auf Kreta hatte ein spektakuläres britisch-kretisches Kommandounternehmen auf sich aufmerksam gemacht. Die Partisanen hatten es am 26. April fertig gebracht, den deutschen Oberkommandierenden der Insel, General von Kreipe, auf der Fahrt vom Hauptquartier in Archanes zu seiner Dienstwohnung, der »Villa Ariadne« bei Knossos, zu entführen. Sie zogen mit ihrer Beute durch Anogia und dann über das Ida-Massiv nach Preveli, wo sie von einem britischen Schnellboot am 15. Mai abgeholt und nach Alexandria verschifft wurden. Die Viehzüchter von Anogia, die ihr Gebirge und seine zahlreichen Höhlen wie ihre Provianttasche kannten, halfen den Entführern, nicht entdeckt zu werden. In den knapp drei Wochen zwischen der Entführung und der Evakuierung durchkämmten die Deutschen mit ca. 30 000 Mann das Ida-Gebirge, zusätzlich wurden Flugzeuge mobilisiert. Eine Gedenktafel am Rathaus erinnert an die Zerstörung Anogias; auf einer Alabasterplatte ist der Tagesbefehl, das Dorf niederzubrennen, eingraviert. Zum Wiederaufbau Anogias in der Nachkriegszeit haben Amerikaner beigetragen. Die deutsche Bundesregierung hat sich bisher für die Untaten der Wehrmacht auf Kreta als nicht zuständig erklärt.

*Iraklion → *Tilisos → *Anogia → Nida-Hochebene → *Ida-Massiv   Tour 5

Blick auf das Nida-Plateau, wo der Sage nach Zeus aufwuchs

ßerdem gelten deutsche Touristen als zahlungskräftig, was wiederum dem Hauptwirtschaftszweig Anogias, der Weberei, zugute kommt.

Eine weitere Tradition Anogias ist die Musik. Berühmte Lyra-Spieler wie Psarantois und Xilouris stammen von hier. In Anogia werden regelmäßig »kretische Abende« für Touristen organisiert, die busweise von der Nordküste heraufgefahren werden und hier auch Webarbeiten kaufen können.

Psiloritis, einfaches kleines Hotel an der Hauptstraße nach Iraklion, Tel. 08 34/3 12 31. ○

Fest des hl. Iakinthos

Das Fest dieses Heiligen am 3. Juli wird auf der Nida-Hochebene eine Woche lang mit Musik und Theatervorführungen gefeiert. Zufahrt über Anogia und Gemarkung Arena (fragen!) zum Heiligtum des minoischen Vegetationsgottes Hyakinthos (nach ihm ist die Hyazinthe benannt).

Die Frauen der Viehzüchterfamilien stellen **Webarbeiten** her, die künstlerisches Niveau erreichen. Verkauft werden die Arbeiten hauptsächlich rund um die Platia im unteren Ortsteil. Dort bekommt man auch die traditionellen Fransentücher, Sariki.

Zur Nida-Hochebene und auf den Psiloritis

20 Kilometer hinter Anogia liegt die **Nida-Hochebene,** auf der die Viehzüchter von Anogia im Sommer ihre Käsereien unterhalten.

Die inzwischen asphaltierte Straße führt zu einem Parkplatz (hier auch eine Taverne), von wo die Wanderung auf den **Psiloritis** beginnt (Hin- und Rückweg 6–8 Std.). Der Weg ist unregelmäßig mit roten Punkten und Steinpyramiden markiert, z. T. geht es querfeldein, stabile Schuhe sind wichtig.

Weiter führt die Straße zur 1540 m hoch gelegenen **Idi-Höhle** *(Ideon Andron),* einer minoischen Kulthöhle, in der Zeus angeblich seine Kindheit verbrachte.

Tour 6

An der Nordküste nach Westen

*Iraklion → Rodia → *Fodele → Margarites → *Arkadi → **Rethimnon (80 km ohne Abstecher)

Die Straße von Iraklion nach Westen führt durch eine wilde und bergige Landschaft. Die Küste fällt steil ab, und nur in einzelnen Buchten finden sich Strände und Hotels (im Hotelort Agia Pelagia, am Strand von Fodele, in den beiden kleineren Bade- und Fischerorten Bali und Panormos). Kurze Abstecher lohnen sich. Wenige Kilometer hinter Iraklion beispielsweise zweigt bei einem Dieselöl-Kraftwerk die Straße ab, die ins Bergdorf Rodia hinaufführt. Von hier aus führt ein Fußweg zum Nonnenkloster Savvathianon, einer Oase der Ruhe. Fodele, der mutmaßliche Geburtsort des Malers El Greco, liegt inmitten eines fruchtbaren Flusstals.

In Margarites werden heute noch auf traditionelle Weise Keramikartikel hergestellt. Das Kloster Arkadi schließlich, das einsam auf einer Hochebene liegt, ist ein Symbol des kretischen Widerstands gegen die türkischen Besatzer.

Hat man für die Abstecher nach Rodia, Fodele und Arkadi nur einen Tag Zeit, braucht man ein Mietfahrzeug. Rodia erreicht man preiswert auch per Taxi ab Iraklion. Nach Fodele fährt ein Linienbus ab Iraklion, nach Arkadi mehrmals täglich ein Bus ab Rethimnon.

Abstecher nach Rodia

Eines der beiden Kraftwerke Kretas steht 1 km außerhalb Iraklions am Strand, wird mit Dieselöl betrieben und von Quellwasser gekühlt, das als Brackwasser aus dem Kalkstein sprudelt.

Ein kurzer Abstecher (5 km) führt von hier aus in das Bergdorf **Rodia**, dessen Häuser sich malerisch an den Hang schmiegen. Im Dorf fallen Hausruinen, zum Teil mit gotischen Fenster- und Türrahmen, auf – einstige prächtige Villen der venezianischen Oberschicht. Schon die Venezianer wussten den wunderschönen Blick zu schätzen, der sich von Rodia aus auf die Insel Dia, die Bucht und die Stadt Iraklion bietet.

Taverna Iremvi am Ortseingang von Rodia. Gute und preiswerte kretische Küche, mit schönem Panoramablick. ○

Das Nonnenkloster **Savvathianon** liegt 4 km oberhalb von Rodia. Man erreicht es über einen Serpentinenweg zu Fuß. Das einstige Männerkloster war nach dem Ende des Zweiten Weltkriegs verlassen, und die Gebäude waren zerstört. Nonnen aus ganz Griechenland stellten sich 1946 der Aufgabe, das Kloster wieder in Betrieb zu nehmen. Der Erfolg kann sich auch sehen lassen: Quellwasser sprudelt, Vögel zwitschern, man lustwandelt im Garten inmitten von unzähligen Pflanzen, von den Nonnen liebevoll gepflegt.

Die Nonnen zeigen zunächst die Klosterkirche, dann wird man durch den Garten, einen Kreuzweg entlang, zur Kapelle des hl. Antonius geschickt und anschließend zum Kaffee oder Raki in den Aufenthaltsraum gebeten. Revanchieren kann man sich mit dem

*Iraklion → Rodia → *Fodele → *Arkadi → **Rethimnon Tour 6

Kauf selbst gehäkelter oder bestickter Decken, die die Nonnen anbieten. Nichtkäufer bedanken sich mit einem »Trinkgeld«, das man unauffällig hinterlässt.

Zwischen Agia Pelagia und Bali

Agia Pelagia, 25 km, ist ein moderner, ziemlich gesichtsloser Badeort an der Bucht gleichen Namens. Hierher fahren vorwiegend Pauschaltouristen.

Die Großanlage **Capsis Beach** bedeckt eine ganze Halbinsel, Tel. 0 81/81 12 12, Fax 81 10 76. ❍❍❍ Neben den großen Hotelkomplexen gibt es zahlreiche Privatzimmer und kleine Pensionen.

Ein Abstecher führt nach ***Fodele** (Abzweigung von der Hauptstraße 26 km hinter Iraklion, dann noch 3 km). Der Geburtsort des Malers Domenikos Theotokopoulos, besser bekannt als El Greco, liegt inmitten grüner Orangenplantagen an einem Flüsschen, das selbst im heißesten Sommer noch Wasser führt.

Ein kurzer, beschilderter Spaziergang führt jenseits des kleinen Flusses zu einer Hausruine (neben der verschlossenen mittelbyzantinischen Panagia-Kreuzkuppelkirche) im verlassenen Ortsteil Loubinies. Hier soll der berühmte Maler des Manierismus (1545–1614) das Licht der Welt erblickt haben.

Auf der Platia von Fodele bieten zahlreiche Geschäfte Webwaren an. Hier stehen auch eine Büste El Grecos und ein Gedenkstein, der im Juli 1934 von der geschichtswissenschaftlichen Fakultät der Universität von Valladolid in Spanien gespendet wurde.

Bali, 45 km, ist ein kleiner, recht ursprünglich gebliebener Bade- und Fischerort, bisher noch ohne Großhotels und viel Pauschaltourismus, dafür aber mit zahlreichen kleinen Pensionen.

Abends treffen sich hier die Individualreisenden in den Tavernen, die sich am schmalen Kai des malerischen

Seite 81

Tour 6 An der Nordküste nach Westen

In Margarites hat das Töpferhandwerk eine lange Tradition

Hafenbeckens drängen. Die entstehenden zahlreichen Hotelneubauten lassen jedoch befürchten, dass es mit der bisherigen Ruhe und Idylle bald vorbei sein wird.

Das Bungalow-Hotel **Bali Beach** liegt schön an einer Bucht, Tel. 08 34/9 42 10. ⚪⚪
Ansonsten kommen die Individualreisenden in Privatzimmern unter.

Abstecher nach Margarites und zum *Kloster Arkadi

Ein weiterer Abstecher ins Hinterland lohnt sich: Drei Kilometer hinter Bali führt eine schmale Landstraße zur Tropfsteinhöhle von **Melidoni** und, über Perama, zum Töpferort **Margarites.**

Hier stellen mehrere Werkstätten Souvenir-Keramik in Handarbeit her. Verkaufsläden sind angegliedert. Nur durch die touristische Nachfrage kann der traditionelle Wirtschaftszweig Töpferei auf Kreta überleben. Das zweite kretische Töpferdorf ist Thrapsano bei Iraklion.

An der Platia von Margarites hübsche Taverne, wo man unter Maulbeerbäumen sitzt und den Blick auf die Küstenebene mit ihren Hunderttausenden von Olivenbäumen genießen kann. ⚪

Zu erreichen ist das *Kloster Arkadi auch von Margarites aus. Man fährt nach Eleftherna (auf dem Gebiet einer antiken Polis – ein gut erhaltener Wachtturm ist von weitem zu sehen) und von dort aus noch 5 km nach Arkadi.

Die normale Anfahrt führt jedoch über die Hauptstraße nach **Rethimnon** (s. S. 50). 5 km vor der Stadt biegt man auf eine kurvenreiche Straße ab, die sich an einer Schlucht entlang den Berg hinauf bis auf eine Hochebene zieht.

Beim Rundgang durch die Anlage findet man vor dem Kloster, am Parkplatz, ein 1910 errichtetes Mausoleum, in dem die Gebeine (vorwiegend die Köpfe) von Märtyrern in einer Vitrine ausgestellt sind. Im Kloster werden links das Refektorium mit zahlreichen Kampfspuren und das Pulvermagazin weist.

*Iraklion → Rodia → *Fodele → *Arkadi → **Rethimnon   Tour 6

Kloster Arkadi: malerisch in die Landschaft eingebettet

Rechts neben dem Kloster dokumentiert ein kleines Museum unter anderem den Kampf von 1866 (siehe unten).

Die Klosterkirche (15.–16. Jh.) zeigt eine Fassade im Stil der kreto-venezianischen Renaissance mit Säulen und klassizistischem Gebälk. Das Innere wurde weitgehend zerstört, so dass die Kirche heute mit Ikonen des 20. Jhs. ausgeschmückt ist. Die ge-

Mausoleum des Klosters: Gebeine der Freiheitskämpfer

schnitzte Ikonostase aus Olivenholz stammt von 1927 (Öffnungszeiten: tgl. 8–20 Uhr).

Vor dem Kloster Selbstbedienungsrestaurant (Einkaufsmöglichkeiten).

Der Massenselbstmord von Arkadi

Arkadi ist das kretische Nationalheiligtum schlechthin. Im November 1866, zur Zeit der türkischen Besatzung Kretas, sprengten sich hier 964 Kreter – die meisten von ihnen waren Frauen und Kinder – angesichts einer türkischen Übermacht in aussichtsloser Lage selbst in die Luft. Viele der 15 000 türkischen Belagerer wurden mit in den Tod gerissen.

Der kollektive Selbstmord von Arkadi ließ damals zwar die Weltöffentlichkeit auf die »kretische Frage« aufmerksam werden. So forderten Philhellenen ein neuerliches Engagement der europäischen Großmächte, um auch Kreta den Anschluss an das griechische Mutterland zu ermöglichen.

Doch die Großmächte hatten im Herbst 1866 ihre eigenen Sorgen. Der Preußisch-Österreichische Krieg fand gerade statt, und Großbritannien hatte sich nach der Beendigung des Krimkrieges im Jahre 1856 in die »splendid isolation« begeben, um sich sein koloniales Empire zu sichern. Zudem verfolgte es eine Politik der Konsolidierung des Osmanischen Reiches, um ein weiteres Vordringen von Russland über die Dardanellen in das Mittelmeergebiet zu verhindern.

Tour 7

Klosterbesuch und Strandfreuden

**Rethimnon → *Preveli → *Plakias (40 km)

Das Kloster Preveli liegt in karger Felslandschaft 170 m über dem Libyschen Meer. Ein z. T. felsiger Wanderweg (ca. 30 Min.) führt zum Strand. Schatten unter Palmen, Stromschnellen, Baden im Meer und in klarem Süßwasser, das aus der Schlucht plätschert, keine Hotels – was will man mehr? 15 km östlich liegt ein weiterer Traumstrand, Plakias, dieser aber mit jeder Menge kleiner Hotels und Pensionen sowie Tavernen. Der Ort Plakias war vor wenigen Jahren noch ein bescheidenes Fischerdorf.

Busse fahren ab Rethimnon je nach Saison mehrmals täglich nach Plakias. Für Klosterbesucher gibt es im Sommer ebenfalls Direktverbindungen.

Nach Spili und *Preveli

Wer ein schönes Dorf kennen lernen will, sollte einen Abstecher nach **Spili** machen (Abzw. 22 km hinter Rethimnon, dann noch 8 km). Dank seines Wasserreichtums ist Spili sehr grün. Auf der Platia spendet ein venezianischer Brunnen bestes Quellwasser.

Hotel **Green,** 9 Zi., von Pflanzen umrankt, Tel. 08 32/2 22 25. ○

Gute, preiswerte Tavernen rund um die Platia. Ein Tipp: das **Giannis** oberhalb des Brunnens. ○○

Die Zufahrtsstraße zur Südküste führt durch die Kourtalioti-Schlucht mit vielen Platanen und Johannisbrotbäumen. Über das verlassene Kloster Kato Preveli erreicht man das einsam über dem Meer gelegene Johanneskloster ***Preveli,** 35 km. Hier war zur Türkenzeit ein bedeutendes Widerstandszentrum, eine Tradition, die in der deutschen Besatzungszeit wieder auflebte. Die Mönche unterstützten die Evakuierung alliierter Truppen nach der Schlacht um Kreta. Aus Rache nahmen die Deutschen dem Kloster seinen Besitz und beschädigten die Kirche (Gedenktafel). Das Klostermuseum zeigt Kultgeräte, Ikonen und Gewänder. Der Kourtalioti fließt durch eine steile Schlucht und staut sich am ***Strand von Preveli** zu einem Süßwassersee, umsäumt von Dattelpalmen, Oleander und Eukalyptus.

*Plakias

Der Ort hat einen kilometerlangen Sandstrand. Das Wasser ist dank einer Kläranlage vollkommen klar. Weitere schöne, noch einsamere Strände sind: westlich der Strand von Souda (40 Min. zu Fuß), östlich die Strände Damnoni und Amoudi, zu erreichen über die Straße nach Lefkogia. Wanderer machen im Umland von Plakias schöne Touren, Surfer tummeln sich bei guten Windverhältnissen in Scharen.

Bei Damnoni Strandhotel **Damnoni Resort** mit guten Wassersportmöglichkeiten. Tel. 08 32/3 19 91, Fax 3 18 93. ○○○

Phoenix, 20 Minuten westl. von Plakias, sehr ruhige Lage, Tel. 3 13 31. ○

In Plakias bietet die **Taverna Loukas,** neben der Brücke, sehr gutes Essen, auch frischen Fisch. ○

An der Nordküste nach **Chania

**Rethimnon → Kournas → Georgioupolis (→ Almirida → *Kokkino Chorio) → **Chania (75 km ohne Abstecher)

15 Kilometer westlich von Rethimnon (s. S. 50) beginnt der längste Sandstrand Kretas, der Strand von Jerakari. Sein östliches Ende ist noch unbebaut, in Richtung Georgioupolis aber werden mehr und mehr Hotels errichtet, doch jeder Badegast findet derzeit noch ausreichend Platz. Ein Abstecher von 4 km Länge führt zum einzigen Süßwassersee der Insel, der bei Kournas liegt.

Touristisch weniger erschlossen als Georgioupolis sind die Badeorte an der Südseite der Souda-Bucht, wie z. B. Almirida und – etwas oberhalb der Küste – Plaka und Kokkino Chorio.

Kokkino Chorio wurde vom Tourismus bisher kaum berührt und bietet daher auch keinerlei Übernachtungsmöglichkeiten. Es ist aber mit den engen, holprigen Gässchen und seiner traditionellen Hausarchitektur ein gutes Beispiel für ein altkretisches Dorf. Auch der Regisseur des Films »Alexis Sorbas«, Michael Cacoyannis, erklärte Kokkino Chorio zu seinem Lieblingsdorf.

Auf der Hauptstraße verkehren mindestens einmal stündlich Linienbusse. Kokkino Chorio, Plaka und Almirida erreicht man von Kalives aus mit dem Dorftaxi.

Hier scheint die Zeit stehen geblieben zu sein

Kournas und Georgioupolis

Der Süßwassersee von **Kournas** ist fast rund und liegt am Fuße steiler Ausläufer der Weißen Berge. Süßwasserfans können im klaren Wasser baden. Es werden sogar Tret- und Paddelboote vermietet. Wenige Tavernen bieten Zimmer an und servieren ursprüngliche kretische Küche, vorwiegend Lammfleisch.

Der Badeort **Georgioupolis,** 22 km, benannt nach Prinz Georg, der von 1898 bis 1905 Hochkommissar von Kreta war, liegt direkt am Knick der Bucht von Almirou. Im Norden fallen die Klippen des Kap Drapano steil ins Meer ab, im Osten dehnt sich kilometerweit ein breiter Sandstrand.

Reizvoll sind aber auch der Anblick des wohl wasserreichsten Flusses auf der ganzen Insel, in dessen Mündung bunt bemalte Fischerboote sowie einige Jachten vor sich hin schaukeln, und die große Platia mit ihren hohen Schatten spendenden Eukalyptusbäumen. Dort sowie in den angrenzenden Straßen finden Sie mehrere kleine Hotels.

Tour 8 An der Nordküste nach Chania

🏠 In Georgiopoulis gibt es vor allem Privatzimmer, Pensionen und kleine Hotels.

▌ **Mare Monte,** angenehmes Strandhotel mit Schwimmbad und Animationsprogramm, liegt direkt am breiten Sandstrand. Es verfügt über 105 Zimmer. Tel. 08 25/6 13 90, Fax 6 12 74. ○○○

▌ **Paradise.** Einfache Pension mit gepflegten Zimmern und Taverne, gute Küche, in einer Nebenstraße nahe der Platia. Tel. 6 13 13. ○

▌ **Zorbas.** Es hat 17 Zimmer und liegt ebenfalls in Platia-Nähe, Tel. 08 25/6 13 81. ○

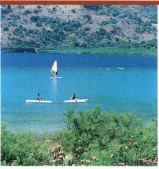

Der Süßwassersee Kournas am Fuß der Weißen Berge

🍴 Von der Lage her empfehlenswert ist die Taverne **Arkadi** an der Flussmündung direkt am Meer. Zugang erfolgt über die Brücke im Dorf. Die Inhaber sprechen sehr gut Deutsch. Die flache Badebucht neben dem »Arkadi« ist für Kinder ideal. ○

▌ **Gialos.** Vielfältige, gute Küche. Es werden auch Studios und Appartements vermietet. Lage: von der Platia Richtung Strand. ○

Tipp Unbedingt lohnend ist ein Abstecher auf die Halbinsel des **Kap Drapano:** Hier finden sich ursprünglich gebliebene kretische Dörfer, die fast nur noch von alten Menschen sowie gelegentlich Frauen und Kindern bewohnt werden, und eine grüne, zum Teil bewaldete Landschaft – Unberührtheit, wie man sie sich wünscht.

Almirida

Ein bisher kaum entdeckter Badeort ist **Almirida** mit seinem schönen Sandstrand und zahlreichen Fischtavernen. Die Einwohner aus Chania kommen gerne zum Fischessen hierher. Es gibt ein Hotel und einige Pensionen. Sehr reizvoll ist der Blick hinüber zur Halbinsel Akrotiri.

Im 5 km entfernten *Gavalochori* wurde 1993 ein Volkskundemuseum eröffnet.

Almirida Bay, Tel. 08 25 / 31 75, 50-Betten-Hotel mit Restaurant, Bar, Zentralheizung und Schwimmbad. ○○

Farma Almirida, einige hundert Meter vom Strand entfernt, bietet in einfachen Zimmern »Urlaub auf dem Bauernhof«. Die Frau des Besitzers, eine Schweizerin, gibt gerne Informationen und führt bei Nachfrage auch Exkursionen in die Umgebung durch. Tel. 3 17 32, 3 15 89. ○○

*Kokkino Chorio

Die Straße führt nun oberhalb des Meeres weiter nach *Plaka* und dem malerisch an der Souda-Bucht gelegenen ***Kokkino Chorio.** Das »rote Dorf« ist benannt nach dem Blut, das 1821, zu Beginn des Unabhängigkeitskampfes, hier vergossen wurde, als türkische Streitkräfte 150 Frauen und Kinder in einer Höhle unterhalb des Dorfes ermordeten. Es liegt in einer paradiesischen Landschaft, die bisher gänzlich von Hotelbauten verschont geblieben ist. Das Dorf hat sich seine traditionelle Struktur bewahren können; nur am Ortsrand stehen moderne Stahlbetonbauten. Vor der Kirche an der Platia wurde eine berühmte Szene des Films »Alexis Sorbas« gedreht: die Steinigung der Witwe und das Eingreifen Sorbas'. Während der deutschen Besatzung war bei Kokkino Chorio, am Ausgang der strategisch wichtigen Souda-Bucht, einer der wichtigsten Militärstützpunkte der Insel.

Idylle in Kokkino Chorio

Oberhalb des Dorfes, beim Kirchlein Agios Georgios, kann man eine unterirdische Bunkeranlage der deutschen Besatzungstruppen besichtigen. Drei Stollen führen in das unterirdische Quartier. Von der Spitze des Kaps Drapano führte damals eine Seilbahn zum Bunkereingang herunter.

Unterhalb von Plaka und Kokkino Chorio gibt es einige schmale Buchten mit Sandstrand. Bei ruhiger See kann man sich auch von den Klippen aus ins Wasser gleiten lassen, zu denen Wege hinabführen.

Kokkino Chorio hat nur ein paar Kafenia zu bieten. In der Taverne **Ocharopokos** im benachbarten *Plaka* wird ein süffiger Fasswein ausgeschenkt. ○

Am Ortseingang von Kokkino Chorio befindet sich eine **Glasbläserei.**

Tour 9

Land der Sfakioten

**Chania → Vrisses → *Imbros-Schlucht → Chora Sfakion → Frangokastello (85 km)

Über Vrisses führt die Route zunächst zur Askifou-Hochebene an der Ostseite der Weißen Berge (Lefka Ori). Imbros ist Ausgangsort für die Durchwanderung der Imbros-Schlucht. Die Straße schmiegt sich eng an steil abfallende Hänge, tief unten in der Schlucht verläuft der Maultierpfad, früher die Hauptverbindung mit der Südküste. Über Serpentinen geht es hinunter nach Chora Sfakion, der ruhigen Hafenstadt am Libyschen Meer. Nur am Spätnachmittag ist sie bevölkert von erschöpften Touristen, den Bezwingern der Samaria-Schlucht, die hier auf ihren Heimtransport warten. Der Ort ist ein guter Ausgangspunkt für Ausflüge in die Weißen Berge oder ins Fischerdorf Loutro, das nur per Schiff zu erreichen ist. Die Sfakioten waren bekannt für ihren kühnen Widerstand gegen Besatzer. Aus diesem Grund sahen sich die Venezianer veranlasst, in Chora Sfakion und weiter östlich Festungen zu errichten. Allerdings ist nur noch Frangokastello gut erhalten.

Und immer wieder sind die Netze zu flicken, auch in Loutro

Die Route wird von Linienbussen ab Chania und Rethimnon bedient.

Von Vrisses nach Imbros

Vrisses liegt an der Abzweigung der Südküstenstraße. Mächtige Platanen stehen auf der Platia beiderseits des Flusses, der bei Georgioupolis ins Meer fließt. Kulinarische Spezialitäten des Ortes sind Bergkäse, Schafsjoghurt in Tonschalen und frisches Hammelfleisch. Die Tavernen rund um den Hauptplatz werden von den Hirten der Weißen Berge beliefert. Von Chania und Rethimnon kommen Touristen und Einwohner extra zum Essen her.

Die Straße führt nun in Serpentinen hinauf zur Askifou-Hochebene, die ganzjährig bewohnt ist. Über Ammoudari und Askifou gelangt man nach **Imbros.** Hier finden Wanderer eine Alternative zur Samaria-Schlucht.

Der Einstieg in die ***Schlucht** befindet sich am Ortsende von Imbros, am Kafenion links der Straße. Der Maultierweg, übrigens noch bis in die fünfziger Jahre der einzige Zugang zur Südküste, führt längs des Schluchtbaches hinunter zur Küste. Die Wanderung dauert gut zwei Stunden.

🍴 Am Schluchtausgang auf der Asphaltstraße rechts um die Kurve. Dort gibt es Tavernen, in denen man auch ein Taxi bestellen kann.

**Chania → Vrisses → *Imbros-Schlucht → Frangokastello   Tour 9

Blick auf die Reste der mächtigen Festung Frangokastello

Chora Sfakion

Der Ort (400 Einw.) war schon zur Türkenzeit ein wichtiger Umschlagplatz. Damals trieben sfakiotische Kaufleute mit Hunderten von Schiffen unbehelligt von den türkischen Besatzern Handel. Einer dieser freien Kaufleute, Ioannis Vlachos, genannt Daskalojannis (»Johannes, der Lehrer«), organisierte in Zusammenarbeit mit Russen den Aufstand von 1770/71. Rahmenbedingung war der Russisch-Türkische Krieg 1768–1774. Der Aufstand scheiterte. Daskalojannis wurde bei lebendigem Leibe in Iraklion gehäutet.

Heute belebt sich Chora Sfakion zweimal am Tag: morgens, wenn das Schiff nach Agia Roumeli, zur Samaria-Schlucht (s. S. 90), ablegt, und nachmittags, wenn es zurückkehrt. Morgens fahren die Touristen, die die Schlucht »auf faule Art« (»Samaria the lazy way«), d. h. nur bis zur »Eisernen Pforte« (2–3 Std. hin und zurück), erwandern möchten. Nachmittags kommen mit ihnen die zurück, die die ganze Schlucht bezwungen haben. Sonst geht es in Chora Sfakion noch ziemlich ruhig zu. Am Kai gibt es Tavernen. Schöne Wanderungen lassen sich ins Hinterland unternehmen, z. B. zum Bergdorf *Anopolis* oder nach **Loutro**. Dieser Ort, in den bisher keine Straße führt, ist per Schiff zu erreichen. Hier ist es noch relativ ruhig. Wer gut zu Fuß ist, braucht von Anopolis etwa eine Stunde nach Loutro.

Das Hotel **Xenia** am Hafen von Chora Sfakion hat gute, einfache Zimmer, herrlicher Meerblick. Tel. 08 25/9 11 01. ○

■ In Loutro vermietet fast jedes Haus Privatzimmer, z. B. **Stavris,** Tel. 9 12 20, Fax 9 11 52. Zimmer mit Meerblick. Vermietet werden zudem neue Appartements. ○

Fährverbindungen: Verbindungen nach Loutro, Agia Roumeli, Sougia und Paläochora. Von hier setzen die Boote auf die Insel Gavdos über.

Frangokastello

Die direkt am Meer gelegene imposante Festung Frangokastello, 16 km östlich von Chora Sfakion, wurde 1371, nach der Eroberung der Insel, von den Venezianern errichtet. Auf den ersten Blick sieht sie gut erhalten aus, es stehen aber nur noch die eindrucksvollen Außenmauern. Der Sandstrand von Frangokastello gehört zu den schönsten Kretas. Die sehr flach auslaufende Küste ist besonders für Kinder und Nichtschwimmer ideal.

Direkt am Strand, neben der Burg, gibt es eine Taverne; einige weitere Lokale, deren Besitzer auch Zimmer vermieten, liegen in der näheren Umgebung.

Busverbindung: Der Linienbus Chora Sfakion – Agia Galini hält oberhalb von Frangokastello an den Abzweigungen zur Hauptstraße (3 km zu Fuß). Er fährt nur ein- bis zweimal tgl.

Tour 10

**Nationalpark Samaria-Schlucht

**Chania → Schluchteingang (42 km), Chora Sfakion → **Chania (73 km)

Zu den Höhepunkten eines Kreta-Urlaubs zählt ohne Zweifel die Durchwanderung der Samaria-Schlucht. Diese Schlucht, eine der längsten Europas, ist seit 1962 griechischer Nationalpark.

Hier hat die vom Aussterben bedrohte kretische Bergziege Agrimi (Bezoarziege, auch Kri Kri genannt) ein ihr angemessenes Biotop gefunden, hier wachsen seltene Orchideen und rund 70 endemische Pflanzen, und hier finden sich noch alte Zypressenwaldbestände.

Von Iraklion, Rethimnon und Chania aus lässt sich die Wanderung mit Hilfe von Linienbussen an einem Tag durchführen. Die Busse fahren frühmorgens hinauf zur **Omalos-Ebene,** dem Ausgangspunkt der Wanderung, am späten Nachmittag kann man mit Bussen ab Chora Sfakion (s. S. 89) den Rückweg antreten.

Schluchtwanderung

Rund 3000 Menschen pro Tag durchwandern im Sommer die grandiose Schlucht, was allerdings der schützenswerten Natur nicht gerade gut tut. Nach fünf bis sechs Stunden Wanderung erreicht man das am Meer gelegene **Agia Roumeli,** von wo aus täg-

Wer gut zu Fuß ist, durchwandert die Samaria-Schlucht

lich zwischen 14 und 17 Uhr Schiffe nach Chora Sfakion und Paläochora (s. S. 93) abfahren.

Die Wanderung durch die Schlucht kostet Eintritt, das Ticket dient zur Kontrolle, ob nach Einbruch der Dunkelheit alle Wanderer die Schlucht verlassen haben (deshalb ist es am Ausgang bei Agia Roumeli wieder abzugeben).

In die Weißen Berge

Von der Omalos-Ebene aus lassen sich Tageswanderungen in die Weißen Berge unternehmen. Übernachten kann man in der »Kallergihütte« hoch oben am Rand der Samaria-Schlucht (vorher anfragen, ob geöffnet ist und ob Plätze frei sind, Tel. 08 21/5 45 60) oder in einem der C-Hotels im Dorf Omalos, z. B. im Hotel Nea Omalos (Tel. 08 21/6 72 69).

**Chania → Schluchteingang, Chora Sfakion → **Chania   Tour 10

Restaurants und Getränkebuden gibt es nur in Agia Roumeli, nicht in der Schlucht. Wasser mitzunehmen, ist allerdings unnötig, da am Wegesrand viele Quellen sprudeln. Auf halber Strecke, in dem verlassenen Dorf **Samaria,** das heute der Sitz des Naturschutzwärters ist, gibt es einen Picknickplatz und ein Notfalltelefon.

Wer nicht im Pulk wandern möchte, hat zwei Möglichkeiten, das zu vermeiden.

Die erste Möglichkeit besteht darin, abends Omalos anzufahren und in einer der zahlreichen Pensionen an der Omalos-Ebene zu übernachten (Voranmeldung ist unnötig); am nächsten Morgen sollte man schon gegen 6 Uhr loswandern.

Die zweite Möglichkeit wäre, mittags nur ein paar Kilometer die Schlucht hinunter- und auf demselben Weg zurückwandern. Öffnungszeiten: Mai–Okt. 6–16 Uhr, von Nov. bis April bleibt die Schlucht geschlossen.

Agia Roumeli

Das Dorf lebt fast ausschließlich von den Wanderern, die sich nachmittags nach ihrem Marsch durch die Schlucht erholungsbedürftig in die Tavernen stürzen.

Wer hier übernachten will, kann am nächsten Tag aber auch zu der türkischen Festung hinaufsteigen (ein Weg dauert etwa anderthalb Stunden), die vor langer Zeit die Küste am Libyschen Meer bewachte. Eine Bademöglichkeit bietet der Kieselstrand des Ortes.

Fährverbindungen: Mehrmals täglich gehen Fähren nach Loutro, Chora Sfakion sowie nach Paläochora ab.

Die Pension **Agia Roumeli** hat nur wenige, aber dafür schöne holzgetäfelte Zimmer mit Meerblick, Tel. 08 25/9 14 32, Fax 9 12 32. ○○

10

Seite 91

TOUREN 10, 11 UND 12

Der Westen: grün und fruchtbar

**Chania → Maleme → Kandanos → Paläochora (72 km)

Westlich von Chania bis Kolimbari und dem Kloster Gonia (s.S. 94) drängen sich Hotelanlagen an den schmalen Stränden zwischen Hauptstraße und Meer – hier ist das westkretische Zentrum des Pauschaltourismus. Auf dieser Strecke liegen auch Maleme und der deutsche Soldatenfriedhof mit den Opfern der Schlacht um Kreta im Mai 1941.

Hinter Maleme biegt man nach Süden ab und fährt durch einen grünen und fruchtbaren Inselteil. Die ehemals reichen Waldbestände sind stark dezimiert, heute werden hier Oliven und Zitrusfrüchte kultiviert. Die Straße führt über die Berge nach Kandanos, das im Zweiten Weltkrieg von deutschen Truppen zerstört wurde, und weiter nach Paläochora an der Südküste. Hierher und in die benachbarten Küstenorte Kountoura und Sougia zieht es viele Rucksacktouristen.

Wer Ruhe, Einsamkeit, einfaches Leben und schöne Strände liebt, ist auf der »Satelliteninsel« Gavdos gut aufgehoben. Man erreicht sie mit dem Schiff ab Paläochora, Sougia und Chora Sfakion.

Nach Maleme

Kurz hinter Chania passiert man links direkt an der Hauptstraße im Hotelvorort Galatas das deutsche Fallschirmjägerdenkmal. Ein herabstürzender Adler hält in seinen Fängen das Hakenkreuz, darunter steht ein Sockel mit Gedenktafel. Dieses Emblem der Fallschirmjäger des Dritten Reiches sollte an die Schlacht um Kreta im Mai 1941 erinnern.

Der deutsche Soldatenfriedhof bei **Maleme** liegt auf der einst hart umkämpften »Höhe 107« oberhalb eines Militärflugplatzes, 2,5 km landeinwärts. Die »Deutsche Kriegsgräberfürsorge« weihte ihn 1974 ein. 4465 in der Schlacht um Kreta Gefallene fanden hier ihre letzte Ruhestätte.

Ein britischer Soldatenfriedhof liegt an der Souda-Bucht (in Hafennähe, die Zufahrt ist beschildert).

Flisvos, an der Straße zum Strand gelegene ruhige Appartementanlage, Tel. 08 21/6 21 88. Moderne, z. T. zweistöckige Appartements. ○○

Kandanos

Wie Anogia im Ida-Massiv und viele andere Orte auf Kreta wurde Kandanos (ca. 1000 Einw.), 58 km, im Juni 1941 – es hatte damals etwa 2000 Einwohner – von deutschen Truppen bis auf die Grundmauern zerstört. Außerdem töteten die Deutschen alle Einwohner, derer sie habhaft werden konnten. Vorausgegangen war diesem schrecklichen Vergeltungsakt, dass kretische Widerstandskämpfer einen Vorstoß der Deutschen zur Südküste aufgehalten und 25 Soldaten getötet hatten. Auf dem Marktplatz steht auf einer der beiden Mahntafeln, die die Deutschen damals selbst anbrachten, auf Deutsch und Griechisch: »Hier stand Kandanos. Es wurde zerstört als Sühne für die Ermordung von 25 deutschen Soldaten.« Als bescheidenes

****Chania → Maleme → Kandanos → Paläochora** Tour 11

Mahntafeln in Kandanos

Zeichen einer versuchten Wiedergutmachung hat die Aktion Sühnezeichen 1963 ein Wasserwerk für Kandanos am Ortseingang errichtet. Auch hier erinnert eine Gedenktafel (auf Deutsch und Griechisch) an das Verbrechen.

Paläochora

Der Badeort Paläochora (1500 Einw.), 72 km, liegt malerisch auf einer Landzunge unterhalb einer zerstörten venezianischen Festung aus dem 13. Jh. Keine großen Hotels wie in den Urlaubszentren der Nordküste bestimmen das Bild, sondern kleine Pensionen und die Häuser der Einheimischen, von denen die meisten Privatzimmer vermieten. Reiseveranstalter haben Paläochora noch kaum in ihren Katalogen. Vornehmlich Individualreisende bevölkern den Ort. Sie schätzen die feinen Sandstrände, die Ausflugs- und Wandermöglichkeiten in die landschaftlich ursprüngliche Umgebung, z. B. zum Strand von Elafonisi, nach Sougia oder in die stillen Bergdörfer. Dennoch hat Paläochora ein reges Nachtleben. Wer Ruhe sucht, sollte seine Unterkunft nicht gerade in der Nähe der Hauptstraße wählen. Sie ist abends für den Durchgangsverkehr gesperrt.

Busverbindung: Mehrmals täglich nach Chania.
Fährverbindungen: Täglich nach Sougia und Agia Roumeli, mehrmals wöchentlich nach Loutro und Chora Sfakion, zweimal wöchentlich nach Gavdos.

Haris Studios. Am Meer gelegen, kinderfreundliche Pension. Tel. 08 23/4 13 18. ○
Hotel Rea im Ort, 12 gepflegte Zimmer mit Bad, Tel. 08 23/4 13 07. ○

In den meisten Frühstückscafés wird Müsli angeboten, die Klientel von Paläochora ist ernährungsbewusst. Das Traditionslokal ist **Savvas** beim Rathaus. ○○
❚ **The Third Eye** wartet mit vielfältigen vegetarischen Kreationen auf. Stichstraße zum Strand. ○
❚ Gutes Essen und einen herrlichen Panoramablick – vor allem bei Sonnenuntergang – verspricht das **Fortezza,** am Aufgang zum Kastell. ○

In Paläochora sind die Nächte lang. Der In-Treff im Sommer ist die Freiluftdisco **Paleochora Club** auf dem Campingplatz.

Sougia und die Insel Gavdos

In dem kleinen, wenig besuchten Strandort **Sougia** am Ausgang einer Schlucht zwischen hohen Felswänden gibt es nur wenige kleine Hotels, überwiegend werden Privatzimmer vermie-

Tour 11 Der Westen: grün und fruchtbar

tet. Wanderungen zu den Resten der antiken Stadt **Lissos** (gut 1 Std.) sind möglich. In Sougia trifft sich fast nur jugendliches Publikum.

Tipp Grandios und wenig besucht: Durchwandern Sie die Schlucht **Agia Irini,** die bei Sougia zum Libyschen Meer ausläuft.

Busverbindung: Täglich ein- bis zweimal Chania.
Fährverbindungen: Von Mai bis Oktober mehrmals wöchentlich nach Paläochora und Agia Roumeli.

Lissos, am östlichen Dorfrand gelegene Pension, Tel. 08 23/ 5 12 44. Modern möblierte Zimmer, z. T. mit Meerblick. Das Schmuckstück ist der üppige Garten mit zahlreichen Blumen. ○

Wer es völlig einsam haben möchte, wird die Insel **Gavdos** (ca. 40 Einw.) bevorzugen. Ein Krämerladen hat das Nötigste vorrätig. Das Leben ist hart auf der nahezu vegetationslosen, windigen Insel. Getreide wird hier noch wie vor 2000 Jahren angebaut. Mittlerweile gibt es Strom – erzeugt von einer Solaranlage und durch Windenergie. Von den drei Stränden ist der von Sarakiniko der schönste.

Fährverbindungen: Im Sommer zweimal wöchentlich Ausflugsschiffe ab Paläochora (4 Std. Fahrzeit) und Chora Sfakion (2,5 Std. Fahrzeit). Im Winter zweimal wöchentlich ein Post- und Versorgungsschiff.

Sehr einfache Privatzimmer (in der Hochsaison wegen geringer Bettenkapazität über ein Reisebüro in Paläochora buchen). Hotels gibt es nicht. Wildes Campen ist gestattet. Im Sommer öffnen Tavernen.

Tour 12

Der äußerste Westen

Maleme → Kloster Gonia → Kastelli Kissamou → *Kloster Chrisoskalitisa → Elafonisi (67 km)

Die Tour führt die Küste entlang über das Kloster Gonia und das Hafenstädtchen Kastelli zum Kloster Chrisoskalitisa und weiter zum feinsandigen Strand von Elafonisi. Die Fahrt dorthin ist zwar mühsam, aber überaus lohnend.

Kloster Gonia und Kastelli Kissamou

Das **Kloster Gonia** liegt am Ortsrand von Kolimbari. Die Klosterkirche birgt eine wertvolle Ikonensammlung, unter anderem die Miniaturmalerei des »Jüngsten Gerichts« links an der Wand, wo auch Nicht-Christen – die »guten Könige« Dareios und Alexander der Große – neben Getauften die Freuden des Paradieses genießen: An der Ikonostase rechts unten erkennt man bei einer Ikone den Säulenheiligen Symeon Stylites.

In Gonia wurden die Gebeine der gefallenen deutschen Soldaten verwahrt, bevor sie in Maleme ihre letzte Ruhestätte fanden. Die hier beginnende unbewohnte Halbinsel Rodopou bietet die Möglichkeit, viele ausgedehnte Wanderungen zu unternehmen.

Die kleine Provinzstadt **Kastelli Kissamou** mit ihren 3500 Einwohnern und dem gemütlichen Fischerhafen

Maleme → Kloster Gonia → Kloster Chrisoskalitisa → Elafonisi   Tour 12

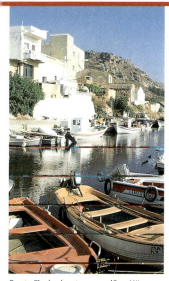

Bunte Fischerboote vor weißen Häuserfassaden: Kolimbari

Kein Geheimtipp mehr ist der herrliche Sandstrand von Elafonisi

wirkt recht verschlafen. Die Bewohner leben in erster Linie von der Landwirtschaft und dem Handel, weniger vom Tourismus.

Der Strand unterhalb der Promenade ist grobkiesig und insgesamt nicht sehr anziehend.

Vom Hafen werden Esskastanien aus dem Hinterland, etwa aus dem 56 m hoch liegenden Kastaniendorf Elos, verschifft. In Elos wird Ende Oktober das »Kastanienfest« gefeiert, mit Musik und Tanz und viel gutem Essen.

Busverbindungen: täglich mehrmals nach Chania, einmal täglich nach Falasarna.
Fährverbindung: Zwei- bis dreimal wöchentlich nach Piräus über den Peloponnes (Githion bzw. Kalamata).

Dimitris Chrissani, Appartementanlage an der Bucht von Kissamos, ca. 3 km nördlich von Kastelli. Gepflegte, geschmackvoll eingerichtete Wohnungen mit Meerblick von den Veranden. Freundliche Atmosphäre. Kinderspielplatz. Tel. 08 22/ 2 33 90, Fax 2 34 64. ○○

Das Fest Johannes des Täufers auf Rodopou

Am frühen Morgen des 29. August brechen die Bewohner des Dorfes Rodopou auf. Maultiere nd Esel sind voll beladen mit Wein und Raki, mit Decken, Speisen, Stühlen und Musikinstrumenten.
Nach zwei Stunden Fußweg erreicht die Kolonne die Kapelle des heiligen Johannes, die einsam in einem Tal der unbewohnten Halbinsel steht. Nach der Ankunft wird die Liturgie in der Kirche gefeiert. Der Bischof aus Kastelli ist gekommen, er wird an diesem Tag männliche Säuglinge auf den Namen Jannis taufen.
Endlich ist die Zeit zum Feiern da. Lyra-Musik ertönt und wird bis zum Morgengrauen nicht aussetzen.

■ **Galini Beach,** ruhige Pension am Strand, Tel. 2 32 88, Fax 2 33 88. ○

Romeiko, am Sandstrand. Uriges Ambiente innen, herrliche Terrasse draußen. Tolles Essen und gesprächige Wirtsleute. ○–○○

Nach Elafonisi

Das weiß gekalkte *****Kloster Chrisoskalitisa** aus dem 17. Jh., in dem noch ein Mönch und eine Nonne leben, liegt wie eine Festung auf einem Felsen über dem Meer. Nur wer sündenfrei ist, soll die »goldene Stufe«, nach der das Kloster benannt ist, erkennen können. Öffnungszeiten: tgl. 9–12 und 15–17 Uhr.

Der »schönste Sandstrand Kretas«, **Elafonisi,** 6 km südlich von Chrisoskalitisa (neue Teerstraße ab Plohamiana), bietet geradezu Südseeatmosphäre. Das Wasser schimmert von Blau über Türkis bis zu Grün. Zu der gegenüberliegenden »Hirschinsel« (das ist die Bedeutung von Elafonisi), die ebenfalls herrliche Sandstrände besitzt, kann man hinüberwaten. Mittlerweile ist der Geheimtipp von einst im Sommer allerdings hoffnungslos überlaufen.

Busverbindungen: In der Hochsaison Kastelli und Chania. Tagestouren z. B. bei Elafonisos Travel in Chania, Tel. 08 21/4 54 36 (mit Besuch der Agia-Sofia-Tropfsteinhöhle in der Topolia-Schlucht).

Empfehlenswert: **Elafonisi Rent Rooms,** Tel. 08 22/6 12 74. ○

Kuppel des Klosters Chrisoskalitisa

Infos von A–Z

Autofahren
Deutsche und Österreicher brauchen den nationalen, Schweizer den internationalen Führerschein. Wer sein Auto dabei hat, benötigt zwar offiziell die grüne Versicherungskarte nicht mehr, es ist aber ratsam, sie mitzunehmen.

Die internationalen Verleihfirmen wie Europcar, Hertz, Avis und Sixt bieten verschiedene Fahrzeuge an. Am besten reserviert man sie von zu Hause. Darüber hinaus existieren zahlreiche lokale Anbieter. Ihr Vorteil: Man kann über den Preis verhandeln. Es herrscht Anschnallpflicht.

Höchstgeschwindigkeit: in Orten 50 km/h, auf Landstraßen 80 km/h. *Promillegrenze:* 0,5. Kraftstoffe sind hier etwas preiswerter als in Deutschland.

Devisenbestimmungen
Griechische Drachmen dürfen bis maximal 100 000 Dr eingeführt werden. 20 000 Dr dürfen ausgeführt werden. Allerdings lohnt es sich nicht, Drachmen schon in Deutschland einzutauschen, denn ihr Kurs ist hier erheblich niedriger als in Griechenland. Devisen dürfen dagegen in unbegrenzter Menge eingeführt werden.

Größere Mengen Bargeld (über 1000 US-$) sollten bei der Einreise deklariert werden, damit man das Geld ggfs. problemlos wieder ausführen kann.

Diplomatische Vertretungen
■ **Deutschland:** Iraklion, Odos Zografou 7, Tel. 0 81/22 62 88; Chania, Daskalojanni 64, Tel. 08 21/5 79 44.
■ **Österreich und Schweiz:** Iraklion, Dädalou 36 (bei »Cretan Holidays«), Tel. 0 81/22 33 79.

Einkaufen

Vor allem kunsthandwerkliche Gegenstände: Lederwaren – am besten aus Chania oder Rethimnon –, Webwaren, Keramik aus Thrapsano und Margarites, Web- und Stickarbeiten oder Ikonen.

Ein staatlicher Kunstgewerbedienst (EOMMECH) hat Filialen in Rethimnon, Chania und Iraklion. Dort kann man sich über das Angebot informieren und Empfehlungen einholen, wo es was zu kaufen gibt (Adressen im Ortsteil).

Relativ preiswert sind Gold- und Silberschmuck. Eventuell kommen als Souvenirs Honig oder Olivenöl in Betracht, das als das beste Europas gilt. Kretische Weine überstehen den Transport meist nicht und schmecken zu Hause dann völlig anders als auf Kreta.

Einreise

Für Deutsche und Österreicher reicht der Personalausweis. Schweizer Staatsbürger benötigen den Reisepass. Für Aufenthaltsdauer und Arbeitserlaubnis gelten die EU-Bestimmungen.

Elektrizität

220 Volt. – Deutsche Schukostecker passen nicht in allen Fällen. Häufig ist der flache Eurostecker nötig. Man sollte sich deshalb einen Adapter besorgen.

Feiertage

1. Januar, 25. März (Nationalfeiertag), Karfreitag (bis 12 Uhr), Ostersonntag, 1. Mai, 15. August Mariä Himmelfahrt, 28. Oktober Ochi-Tag (Nationalfeiertag), 25. Dezember. An diesen Tagen bleiben die Museen, Ausgrabungsstätten und Geschäfte generell geschlossen. Siehe auch Festkalender S. 28.

FKK

Nacktbaden ist in Griechenland verboten. Die griechische Moral sieht den nackten Körper als anstößig an. Deshalb sollte man nackt nur an wirklich abgelegenen Stränden baden, an denen sich keine Griechen aufhalten.

Doch auch in dieser Frage schreitet der Modernisierungsprozess voran. In vielen Touristenorten ist »oben ohne« inzwischen selbstverständlich.

Fotografieren und Filmen

Fotomaterial ist in Griechenland sehr teuer, und deshalb sollte man sich bereits zu Hause hinreichend eindecken.

In Museen und archäologischen Stätten ist Fotografieren generell – kostenlos – erlaubt. In Kirchen darf man jedoch meist nicht fotografieren. Wer in Museen oder archäologischen Stätten Stativ- oder Blitzlichtaufnahmen machen will, muss sich an der Kasse ein zusätzliches Ticket kaufen; mancherorts ist es allerdings verboten. Ein Fotodienst verkauft aber auf Anfrage Museumsmotive (Archeological Funds & Expropriation, Fillelinon-Straße 41, Athen, Tel. 01/3 22 04 57).

Für das Filmen gibt es viele unterschiedliche Bestimmungen, die im AMI von Iraklion erfragt werden können.

Frauen allein unterwegs

Aufdringlichkeiten kann man sich normalerweise schon durch ein festes *ochi* (»nein«) leicht entziehen. Mit Schimpfwörtern sollte man allerdings vorsichtig sein. Nicht allzu problematisch sind jedoch die Ausdrücke *fije* oder *fijete* (»Hau ab!« bzw. »Hauen Sie ab!«).

Geld und Preisniveau

Die griechische Drachme ist trotz einer Abwertung im Jahre 1998 gegenüber der DM im Wert gestiegen,

Griechenland ist dadurch also teurer geworden. Die Regierung verfolgt eine harsche Sparpolitik, denn nur so war es möglich, die Kriterien von Maastricht zu erfüllen. Auch Griechenland erhält ab 2002 den Euro.

Das Preisniveau für touristische Dienstleistungen ist in der Regel niedriger als in Deutschland. Ein Essen in einer einfachen Taverne kostet für zwei Personen inklusive Wein oder Bier etwa 35 DM. Ein kleiner griechischer Kaffee kostet in einem Dorfkafenion unter einer Mark, in einem besseren Lokal in der Stadt allerdings mehr als das Doppelte.

Taxi- und Busfahrten sind sehr viel preiswerter als in Deutschland.

Eintrittsgebühren sind dagegen relativ hoch. Für Knossos und das AMI in Iraklion zahlt man ca. 10 DM. Studenten zahlen nichts, Rentner aus der EU die Hälfte (unbedingt entsprechenden Ausweis mitbringen!). Freien Eintritt haben Journalisten, Kunsthistoriker und Archäologen mit entsprechendem Ausweis (dafür mit Passfoto an eine der Bezirksverwaltungen für Altertümer wenden, Adressen in einem der Museen erfragen).

Privatzimmer kosten ab 25 DM pro Doppelzimmer, ein Zimmer in einem einfachen Hotel ca. 50 DM, aber ohne Frühstück. Wechselkurs: 1 DM = 170 Drachmen, 1 ÖS = 24 Drachmen, 1 SFr = 202 Drachmen (Stand: Oktober 2000).

Eurocheques müssen auf Drachmen ausgestellt werden (maximal 50 000 Dr). Sie werden überall akzeptiert. Mit Kreditkarten kann man in guten Geschäften, größeren Hotels und bei Autovermietern bezahlen. Immer häufiger findet man Geldautomaten, an denen man mit der EC-Karte Drachmen ziehen kann. Mit Barzahlung hat man jedoch meist den besseren Spielraum, wenn man handeln will.

Gesundheit, Krankenvorsorge, ärztliche Versorgung

Es gibt auf Kreta keine besonderen gesundheitlichen Risiken. Das Leitungswasser ist überall trinkbar. Es schmeckt in den Städten leicht nach Chlor, in den Dörfern kann es je nach Quelle aber ausgesprochen schmackhaft sein.

Giftige Schlangen und Skorpione gibt es zwar, aber keine Arten, deren Biss gleich tödlich wäre.

Im Hochsommer können Mücken zur Plage werden (Insektenschutzmittel in Apotheken). Die meisten Medikamente sind erheblich billiger als bei uns.

Bei Unfällen wende man sich an das nächste Krankenhaus oder an ein »Gesundheitszentrum« *(kentro igias);* jede kretische Kreisstadt hat eins. Eine Unfallbehandlung oder eine erste Versorgung bei plötzlich auftretenden Krankheiten ist dort auch für Touristen kostenlos. Muss ein Arzt gerufen werden, weiß der Hotelier oder Wirt sicher entsprechende Adressen. Niedergelassene Ärzte stellen eine Rechnung aus, die gleich bezahlt werden muss. Allerdings sind die Arztkosten eher niedrig.

Ansonsten bieten deutsche gesetzliche Krankenkassen den Anspruchsschein E111. Er muss bei der griechischen Krankenversicherung IKA (Zweigstellen in vielen Orten) in einen griechischen Krankenschein umgetauscht werden, mit dem ein Kassenarzt aufgesucht werden kann. Diese Prozedur ist zwar recht umständlich, aber man muss kein Geld vorschießen. Problemloser ist es, die Arztrechnung selbst zu bezahlen. Ist man gesetzlich versichert, sollte man sich aber erkundigen, ob die Kasse die Kosten erstattet; dazu unbedingt Quittung ausstellen lassen und aufbewahren!

Eine private Auslandskrankenversicherung, die es schon für ca. 15 bis 30 DM für ein Jahr gibt, deckt auch einen eventuellen Rücktransport per Flugzeug ab.

Haustiere
Hunde und Katzen dürfen nach Griechenland mitgenommen werden. Verlangt werden der übliche Hunde-Impfpass (Tollwut-Impfung erforderlich) und ein amtstierärztliches Gesundheitszeugnis, das nicht älter sein darf als 30 Tage.

Schwierigkeiten kann es jedoch mit den Vermietern geben, denn Hunde sind in Griechenland nicht besonders wohl gelitten. Man erkundige sich also vorsichtshalber vor der Reise, ob das in Aussicht genommene Hotel die Tiere aufnimmt. Eine hundefreundliche Pension gibt es in Almirida, Tel. 08 25/3 15 89 oder 3 17 32 (Frau Spillmann verlangen).

Information
Die Büros der Griechischen Fremdenverkehrszentrale (EOT) halten gute bebilderte Prospekte bereit, darunter auch einen speziellen Kreta-Prospekt mit Hotelliste (A- bis C-Klasse, aber keine Privatzimmer).

Die kretischen EOT-Büros (Adressen jeweils im Ortsteil) haben in der Regel auch Bus- und Schiffsfahrpläne ausliegen.

Zweigstellen der Griechischen Zentrale für Fremdenverkehr:
- **Deutschland:** Neue Mainzer Straße 22, 60311 Frankfurt/M., Tel. 0 69/23 65 61–63 (Hauptbüro in Deutschland); Abteistraße 33, 20149 Hamburg, Tel. 0 40/45 44 98; Pacellistr. 2, 80333 München, Tel. 0 89/22 20 35–36; Wittenbergplatz 3a, 10789 Berlin, Tel. 0 30/2 17 62 62.
- **Österreich:** Opernring 8, 1015 Wien, Tel. 01/5 12 53 17.
- **Schweiz:** Löwenstraße 25, 8001 Zürich, Tel. 01/2 21 01 05.

Kirchen und Klöster
Bei einem Besuch von Kirchen und Klöstern sollten Frauen Schultern und Knie bedeckt halten, Männer keine kurzen Hosen tragen. Die Kirchen sind verschlossen, wenn keine Aufsichtspersonen zugegen sind. Man muss dann in der Nachbarschaft fragen, wer den Schlüssel verwahrt – aber bitte nicht während der Siesta.

Der Aufschließer erwartet für seine Mühe ein Entgelt. Schließt Ihnen ein Papas (Geistlicher) auf, so gebe man nicht ihm die kleine Spende, sondern lege einige Scheine auf den Teller, der gewöhnlich neben den Kerzenbehältern oder am Ausgang steht.

Kriminalität
Sogar in Griechenland steigt die Kriminalitätsrate. Im Großen und Ganzen ist sie jedoch nach wie vor weit niedriger als in Deutschland, so dass über die üblichen Sicherheitsvorkehrungen hinaus keine weitere Vorsorge nötig ist.

Maßeinheiten
Statt »Liter« sagen die Griechen »Kilo«, die anderen Maße entsprechen denen in Deutschland.

Notruf
- **Polizei:** Tel. 100.
- **Erste Hilfe:** Tel. 166.

Öffnungszeiten
- **Museen und archäologische Stätten** Griechenlands sind in der Regel von 8.30–15 Uhr geöffnet, montags geschlossen. Abweichungen sind möglich (siehe unter den einzelnen Orten).
- **Post:** 8–14 oder 15 Uhr, in den Städten auch bis 20 Uhr.

- **OTE (Telefonamt):** unterschiedlich, in größeren Orten ganztags und bis in die Nacht hinein.
- **Banken:** Mo–Fr 8–14 Uhr.
- **Geschäfte:** Normalerweise 8–13 und 17–21 Uhr. Viele Geschäfte bleiben montags, mittwochs und samstags am Nachmittag geschlossen. Sonntags den ganzen Tag. da es keine geregelten Ladenschlusszeiten gibt, halten viele Familienbetriebe ihre Geschäfte bis spät in den Abend hinein geöffnet.

Postgebühren

Sie ändern sich wegen der Inflation laufend, die Preise sind etwas niedriger als in Deutschland. Briefmarken gibt es gegen einen geringen Aufschlag auch an den Kiosken oder in Läden, die Postkarten verkaufen.

Radio und Fernsehen

ET1 sendet täglich um 15 Uhr Nachrichten in englischer, deutscher und französischer Sprache. Viele Hotels haben Satellitenfernsehen und können deutsche Privatsender empfangen.

Telefon

Am wenigsten stressig telefoniert man mit Telefonkarten, die man bei der Telefongesellschaft OTE oder an Kiosken kaufen kann. Derzeit wird das ganze Netz der öffentlichen Fernsprecher auf Karte umgestellt. Telefonieren kann man auch an den Kiosken, man zahlt geringfügig mehr als beim OTE. In Postämtern kann man hingegen *nicht* telefonieren.

Die Vorwahl nach Deutschland lautet 00 49, nach Österreich 00 43 und in die Schweiz 00 41. Danach wählt man die Ortskennzahl ohne die Null und dann die Nummer des Teilnehmers. Die Vorwahl nach Griechenland lautet 00 30.

Toiletten

Sie können auch ohne etwas zu bestellen die Toiletten der Restaurants benutzen. Das Papier wirft man nicht in die Toilette – die Gefahr, dass sich die Abflussrohre verstopfen, ist groß! –, sondern in den bereit stehenden Korb.

Trinkgeld

Man rundet um etwa zehn Prozent auf. Trinkgeldempfänger sind Taxifahrer, Zimmermädchen und Kellner.

Verkehrsregeln

Vorschriften wie in Deutschland. Vor unübersichtlichen Kurven ist es üblich, zu hupen. Siehe auch Autofahren S. 97.

Zeit

Ganzjährig Osteuropäische Zeit (OEZ). Man stellt die Uhr also eine Stunde vor.

Zeitungen

Deutschsprachige Zeitungen und Zeitschriften sind in den größeren Urlaubsorten und Städten mit einem Tag Verspätung (und Preisaufschlag) erhältlich.

Zollbestimmungen

Für Reisende aus den Ländern der Europäischen Union sind Dinge des persönlichen Bedarfs grundsätzlich zollfrei (für Personen ab 17 Jahren 800 Zigaretten, 200 Zigarren, 80 l Wein und 10 l Spirituosen).

Für Reisende aus Nicht-EU-Ländern und für Waren aus dem Duty-Free-Geschäft gelten nach wie vor die alten Zollbedingungen (200 Zigaretten oder 50 Zigarren oder 250 g Tabak, 1 l Spirituosen und 2 l Wein).

Verboten ist die Ausfuhr von Antiquitäten und von Ikonen, die vor 1830 entstanden sind.

Langenscheidt Mini-Dolmetscher Griechisch

Allgemeines

Guten Morgen.	Καλημέρα. [kalimera]
Guten Tag.	Χαίρετε. [cherete]
Guten Abend.	Καλησπέρα. [kalispera]
Hallo! (du)	Γειά σου! [ja‿βu]
Hallo! (Siezen und Plural)	Γειά σας! [ja‿βas]
Wie geht es dir?	Τι κάνεις; [ti kanis]
Wie geht es Ihnen / euch?	Τι κάνετε; [ti kanete]
Danke, gut.	Καλά ευχαριστώ. [kala efcharisto]
Ich heiße ...	Λέγομαι ... [legome]
Auf Wiedersehen.	Αντίο. [andio]
Morgen	πρωί [pro·i]
Nachmittag	απόγευμα [apojewma]
Abend	βράδυ [wraδi]
Nacht	νύχτα [nichta]
morgen	αύριο [awrio]
heute	σήμερα [βimera]
gestern	χτες [chtes]
Sprechen Sie Deutsch / Englisch?	Μιλάτε γερμανικά / αγγλικά; [milate jermanika / anglika]
Wie bitte?	Ορίστε; [oriste]
Ich verstehe nicht.	Δεν καταλαβαίνω. [δen katalaweno]
Sagen Sie es bitte nochmals.	Ξαναπείτε το, παρακαλώ. [ksanapite to parakalo]
..., bitte	..., παρακαλώ [parakalo]
danke	ευχαριστώ [efcharisto]
Keine Ursache.	Τίποτε. [tipote]
was / wer	τι / ποιος [ti / pjos]
wo / wohin	πού [pu]
wie / wie viel	πως / πόσο [pos / poβo]
wann / wie lange	πότε / πόση ώρα [pote / poβi ora]
Wie heißt das?	Πως λέγεται αυτό; [pos lejete afto]
Wo ist ...?	Πού είναι ...; [pu ine]
Können Sie mir helfen?	Μπορείτε να με βοηθήσετε; [borite na me wo·iθiβete]
ja	ναι [ne]
nein	όχι [ochi]
Entschuldigen Sie.	Με συγχωρείτε. [me βingchorite]
Das macht nichts.	Δεν πειράζει. [δen pirasi]

Sightseeing

Gibt es hier eine Touristeninformation?	Υπάρχει τουριστικό γραφείο εδώ; [iparchi turistiko grafio eδo]
Haben Sie einen Stadtplan / ein Hotelverzeichnis?	Έχετε ένα χάρτη της πόλης / έναν κατάλογο ξενοδοχείων; [echete ena charti tis polis / enan katalogo ksenoδochion]
Wann ist das Museum / die Kirche / der Tempel geöffnet?	Πότε είναι ανοιχτό το μουσείο / ανοιχτή η εκκλησία / ανοιχτός ο ναός; [pote ine anichto to muβio / anichti i ekliβia / anichtos o na·os]
Wann wird geschlossen?	Πότε θα κλείσει; [pote θa kliβi]

Shopping

Wo gibt es ...?	Πού έχει ...; [pu echi]
Wie viel kostet das?	Πόσο κοστίζει αυτό; [poo kostisi afto]
Das ist zu teuer.	Είναι πολύ ακριβό. [ine poli akriwo]
Das gefällt mir (nicht).	Αυτό (δεν) μου αρέσει. [afto (δen) mu‿areβi]
Gibt es das in einer anderen Farbe / Größe?	Υπάρχει σε άλλο χρώμα / μέγεθος; [iparchi βe allo chroma / mejeθos]
Ich nehme es.	Το παίρνω. [to perno]
Wo ist eine Bank?	Πού υπάρχει μια τράπεζα; [pu iparchi mia trapesa]
Geben Sie mir bitte 100 g (Feta-)Käse / zwei Kilo Orangen.	Παρακαλώ δώστε μου εκατό γραμμάρια τυρί (φέτα) / δύο κιλά πορτοκάλια. [parakalo doste mu ekato gramaria tiri (feta) / δio kila portokalia]
Haben Sie deutsche Zeitungen?	Έχετε γερμανικές εφημερίδες; [echete jermanikes efimeriδes]
Wo kann ich telefonieren / eine Telefonkarte kaufen?	Πού μπορώ να τηλεφωνήσω / να αγοράσω τηλεκάρτα; [pu boro na tilefoniβo / na agoraβo tilekarta]

Notfälle

Ich brauche einen Arzt / Zahnarzt.	Χρειάζομαι ένα γιατρό / έναν οδοντίατρο. [chriasome ena jatro / enan‿oδondiatro]
Rufen Sie bitte einen Krankenwagen / die Polizei.	Παρακαλώ καλέστε τις πρώτες βοήθειες / την αστυνομία. [parakalo kaleste tis protes woiθies / tin‿astinomia]

Wir hatten einen Unfall.	Είχαμε ένα ατύχημα. [ichame ena atichima]	Ich möchte nur eine Kleinigkeit essen.	Θα ήθελα να τσιμπήσω κάτι μονο. [θa iθela na tsimbiβo kati mono]
Wo ist das nächste Polizeirevier?	Πού είναι το κοντινότερο αστυνομικό τμήμα; [pu ine to kondinotero astinomiko tmima]	Ich möchte bezahlen.	Θα ήθελα να πληρώσω. [θa iθela na pliroβo]
Ich bin bestohlen worden.	Με κλέψανε. [me klepsane]	Es war sehr gut / nicht so gut.	Ήταν νόστιμο / Δεν ήταν τόσο νόστιμο. [itan nostimo / ðen itan toβo nostimo]
Mein Auto ist aufgebrochen worden.	Διέρρηξαν το αυτοκίνητό μου. [ðieriksan to aftokinito_mu]		

Essen und Trinken

Die Speisekarte, bitte.	Τον κατάλογο, παρακαλώ. [ton katalogo parakalo]
Was gibt es zu essen?	Τι φαγητά υπάρχουν; [ti fajita iparchun]
Brot	ψωμί [psomi]
Kaffee	καφές [kafes]
Tee	τσάι [tsa·i]
mit Milch / Zucker	με γάλα / ζάχαρη [me gala / sachari]
Orangensaft	χυμός πορτοκάλι [chimos / portokali]
Einen (griechischen) Kaffee, bitte.	Έναν (ελληνικό) καφέ παρακαλώ. [enan (elliniko) kafe parakalo]
Suppe	σούπα [βupa]
Fisch	ψάρι [psari]
Meeresfrüchte	θαλασσινά [θalaβina]
Fleisch	κρέας [kreas]
Geflügel	πουλερικά [pulerika]
Beilagen	γαρνιτούρα [garnitura]
vegetarische Gerichte	χορτοφαγικά πιάτα [chortofajika pjata]
Eier	αυγά [awga]
Salat	σαλάτα [βalata]
Dessert	επιδόρπιο [epiðorpio]
Obst	φρούτα [fruta]
Eis	παγωτό [pagoto]
Wein	κρασί [kraβi]
weiß / rot / rosé	άσπρο / κόκκινο / ροζέ [aspro / kokkino / rose]
Bier	μπύρα [bira]
Aperitif	απεριτίφ [aperitif]
Wasser	νερό [nero]
Mineralwasser	μεταλλικό νερό [metalliko nero]
mit / ohne Kohlensäure	με / χωρίς ανθρακικό [me / choris anθrakiko]
Limonade	λεμονάδα [lemonaða]
Frühstück	πρωινό [pro·ino]
Mittagessen	μεσημεριανό φαγητό [meβimerjano fajito]
Abendessen	βραδινό φαγητό [wraðino fajito]

Im Hotel

Ich suche ein gutes / nicht zu teures Hotel.	Ψάχνω ένα καλό / όχι πολύ ακριβό ξενοδοχείο. [psachno ena kalo / ochi poli akriwo ksenoðochio]
Ich habe ein Zimmer reserviert.	Έχω κλείσει δωμάτιο. [echo kliβi ðomatio]
Ich suche ein Zimmer für ... Personen.	Ψάχνω ένα δωμάτιο για ... άτομα. [psachno ena ðomatio ja ... atoma]
Mit Dusche und Toilette.	Με ντους και τουαλέτα. [me dus kje tualeta]
Mit Balkon / Blick aufs Meer.	Με μπαλκόνι / θέα στη θάλασσα. [me balkoni / θea sti θalaβa]
Wie viel kostet das Zimmer pro Nacht?	Πόσο κοστίζει το δωμάτιο τη βραδιά; [poβo kostisi to ðomatio ti wraðja]
Mit Frühstück.	Με πρωινό; [me pro·ino]
Kann ich das Zimmer sehen?	Μπορώ να δω το δωμάτιο; [boro na ðo to ðomatio]
Haben Sie ein anderes Zimmer?	Έχετε και άλλο δωμάτιο; [echete kje allo ðomatio]
Das Zimmer gefällt mir (nicht).	Το δωμάτιο (δεν) μου αρέσει. [(ðen) mu_areβi]
Kann ich mit Kreditkarte bezahlen?	Μπορώ να πληρώσω με πιστωτική κάρτα; [boro na pliroβo me pistotiki karta]
Wo kann ich parken?	Πού μπορώ να παρκάρω; [pu boro na parkaro]
Können Sie das Gepäck in mein Zimmer bringen?	Μπορείτε να μου φέρετε τις αποσκευές στο δωμάτιο; [borite na mu ferete tis aposkewes sto ðomatio]
Haben Sie einen Platz für ein Zelt / einen Wohnwagen / ein Wohnmobil?	Έχετε μία θέση για μία σκηνή / ένα τροχόσπιτο / ένα κάραβαν; [echete mia θeβi ja mia skini / ena trochospito / ena karawan]
Wir brauchen Strom / Wasser.	Χρειαζόμαστε ρεύμα / νερό. [chriasomaste rewma / nero]

Orts- und Sachregister

Agia Galini 63 f.
Agia Irini, Schlucht 33, 94
Agia Pelagia 81
Agia Roumeli 82, 90 f.
Agia Triada, Kloster 58
Agia Triada, Palast 63
Agia Varvara 59
Agios Georgios 66
Agios Nikolaos 28, 47 f., 65, 71
- Agios-Nikolaos-Kirche 47
- Archäologisches Museum 48
- Halbinsel 47
- Voulismeni-See 47
Akrotiri, Halbinsel 57
Almirida 87
Ammoudari 88
Amnissos 67
Anogia 28, 78 f., 92
Archanes 20, 28, 46
Arkadi, Kloster 28, 82
Arvi 73
Askifou 88
Auto 35

Bahn 35
Bali 81
Bergsteigen 33
Bezoarziege 14, 90
Byzanz (Konstantinopel) 20, 25

Camping 34
Chamilo 50
Chania 21, 24, 28, 53 ff., 88
- Archäologisches Museum 54
- Hafenbastion Firkas 56
- Janitscharenmoschee 56
- Kapelle des Agios Nikolaos 56
- Katholische Kirche 54
- Kirche Agios Nikolaos 56
- Ledergasse Skridlof 54
- Leuchtturm 56
- Loggia, ehemalige 55
- Markthalle 54
- Nautisches Museum 55
- Renieri-Palast 55
- San-Francesco-Kirche 54
- Stadtpark 56
- Venezianische Patrizierhäuser 55
- Venezianischer Hafen 56
Chaniotikos 27
Chersonissos 28, 68
Chora Sfakion 89, 90
Chrisoskalitisa, Kloster 28, 97
Chrissi 74
Chrissolakkos 71

Dafnes 28
Diktäische Grotte (Zeushöhle von Psichro) 65
Dikti-Massiv 12
Diptam 14

Elafonisi 93, 94, 97
Elos 95
Elounda 33, 49
Eparchies 19
Estiatorion 29

Fahrradtouren 33
Flugzeug 35
Fodele 81
Fourni 46
Fournou Korifi, Ausgrabungsstätte 73
Frangokastello 89

Galatas 92
Gavalochori 28, 87
Gavdos 12, 94
Georgioupelis 85
Gonia, Kloster 25, 94
Gortis 28, 60 ff.
- Akropolis 61
- Amphitheater 61
- Isis-und-Serapis-Heiligtum 61
- Nymphenheiligtum 61
- Odeion 60
- Platane 61
- Recht von Gortis 60
- Stadion 61
- Theater 61
- Thermen 61
- Tituskirche 60
Gournia 23, 72 f.
Gouverneto, Kloster 58
Gouves 67
Grab von Eleftherios Venizelos 58
Gramvousa 24

Ida-Massiv (Oros Idi) 12, 24, 28, 33, 61, 77
Idi-Höhle 79
Ierapetra 72
Imbros 88
Imbros-Schlucht 33, 88
Iraklion 21, 25, 28, 36 ff., 65, 67, 80
- Agia Ekaterini 41
- Archäologisches Museum (AMI) 36 ff.
- Bembobrunnen 41
- Dädalou 39
- Große Minaskirche 41
- Hafen 40
- Hafenfort, venezian. 40
- Historisches Museum 40
- Ikonenmuseum 41
- Katharinenplatz 41
- Kazantzakis-Grab 41 f.
- Kleine Minaskirche 41
- Loggia 39
- Marktgasse 40
- Martinengo-Bastion 42
- Morosinibrunnen 39
- Tituskirche 40
- Venizelosplatz 39

Johanniter 26
Jugendherbergen 34

Kafenion 17
Kalamaki 64
Kandanos 92
Kap Drapano 86
Karteros 68
Kastelli Kissamou 94
Katholikon, Kloster 58
Kato Zakros, Palast 20, 76
Keratokambos 74
Knossos 12, 20, 43 ff., 62
- Halle der Doppeläxte 45
- Kleiner Palast 44
- Lichtschacht und Lustralbad 44
- Magazine 44
- Megaron der Königin 45
- Megaron des Königs 45
- Nordeingang 44
- Piano Nobile 44
- Prozessionsweg 46
- Schautreppe 46
- Südpropylon 44
- Südzugang 46
- Terrasse 44
- Thronraum 46
- Toilette der Königin 46
- Treppenhaus 45
- Werkstätten 44
- Westeingang 44
- Westhof 44
- Wohnräume 44
Kokkino Chorio 87
Kolimbari 94
Konstantinopel (Byzanz) 20, 25
Koufonissi 69
Kournas 85
Krassi 65
Kritsa 25, 28, 49

Lassithi-Ebene 40, 65
Lato 50

Reisen sind voller Überraschungen.

- Reiseplanung
- Straßenkarten
- Hotelbuchung
- Autovermietung
- Interessensuche
- Fährbuchung

Besser, Sie planen Ihre Autoreise online: www.ShellGeoStar.de

ssen Sie Ihre Reise nicht zum Abenteuerurlaub werden! Bei Shell GeoStar
ɔt's keine unangenehmen Überraschungen, sondern eine exakte Routenplanung:
hritt für Schritt erklärt und immer aktuell. Außerdem finden Sie bei uns über
)0.000 Ziele, von Sehenswürdigkeiten und Freizeitparks bis hin zu Restaurants
d Hotels zum online Buchen. Alles entlang Ihrer Reiseroute mit detaillierter
schreibung. Besuchen Sie uns einfach im Internet!
ell GeoStar – Ihr Online-Autoreiseplaner

Register

Lefka Ori (Weiße Berge) 12, 33
Lefkogia 84
Linienbus 35
Loutro 89

Magarites 82
Makrigialos, Strand von 74
Maleme 92, 94
Malia, Palast von 20, 69 ff.
- Agora 71
- Halle 70
- Heiligtum 70
- Innenhof 69
- Kernos 69
- Magazine 70, 71
- Magazintrakt 69
- Nordhof 70
- Pfeilerkrypta 70
- Thronraum 70
- Westhof 69
- Wohnräume 71

Mantinades 26
Matala 63
Meltemi 13
Messara-Ebene 59 ff.
Mietfahrzeuge 35
Minoer 24
Mirabello-Golf 74
Mires 61
Mirtos 73
Mochos 69

Nea Dimokratia 21
Neapolis 71
Nida-Hochebene 77, 79
Nirou Chani 68
Nomoi 19

Ochi-Tag 28
Omalos-Ebene 90
Ouzeri 29

Paläochora 90, 93
Palekastro 23
Panagia Kera, Kloster 25, 49, 65
Pano Zakros 75
PASOK 19, 21
Phaistos 20
Phaistos (Festos), Palast 61
- Bronzeschmelzofen 63
- Eingang 63
- Haupteingang 63
- Hausmauern u. Gassen 63
- Innenhof 63
- Schatzkammern 63
- Königliche Gemächer 63
- Lustralbad 63
- Magazinräume 63
- Pithoi 62
- Thronraum 63

- Westhof 62

Philotimo 16
Philoxenia 11
Pitsidia 64
Plaka 33, 85, 87
Plakias 84
Preveli 84
Preveli, Strand von 84
Prinias 59
Privatzimmer 34
Psarotaverna 29
Psiloritis 12, 19, 28, 33, 79

Rethimnon 25, 28, 33, 50 ff., 82
- Archäologisches Museum 52
- Moschee des Kara Moussa Pascha 52
- Moschee des Pascha Nerazze 52
- Odos Arkadiou 52
- Rimondibrunnen 52
- Stadtstrand 51
- Sultan-Ibrahim-Moschee 53
- Venezianische Loggia 52
- Venezianischer Hafen 51
- Zitadelle 53

Rhodos 24
Rhyta 23
Rizitika 26
Rodia 80
Rodopou, Halbinsel 94
Rouvas-Schlucht 59

Samaria-Schlucht 13, 33, 88, 89, 90
Sarakina-Schlucht 73
Savvathianon, Kloster 80
Schiff 35
Sirtaki 27
Sissi 68, 71
Sitia 12, 28, 74 f.
Slavokambos 77
Souda 24
Souda-Bucht 84, 85
Sougia 93
Sousta 27
Spili 84
Spinalonga 24, 48 f.

Tal der Toten 75
Taverne 29
Taxi 35
Tilisos 77
Tobruk 68
Toplou 15, 25, 75
Tropfsteinhöhlen 13

Vaï 75
Valsamonero, Kloster 25, 60

Vamos 28
Vathipetro 23, 46
Venedig 20
Vrisses 88
Vrondisi, Kloster 60

Wandern 33
Wassersport 33
Weiße Berge (Lefka Ori) 12, 33

Xenophobia 11

Zacharoplastion 30
Zaros 59
Zeushöhle von Psichro (Diktäische Grotte) 65

Personenregister

Alberti 25
Ariadne 12

Cacoyannis, Michael 27, 85

Damaskinos, Michalis 25, 40, 41
Daskalojannis 89

El Greco 25, 29, 40, 81
Elitis, Odisseas 40
Europa 12, 61
Evans, Arthur 37, 38, 40, 43 f.

Georg, Prinz 21

Hogarth, D. G. 76
Homer 12, 43

Iakinthos, hl. 28, 79

Kalokärinos, Minos 40, 43
Kazantzakis, Nikos 27, 29, 40, 41, 50
Kornaros, Vitzenzos 40

Mercouri, Melina 50
Metaxas, General 21
Minas, hl. 28, 41
Minos 12, 44, 61

Papadopoulos 21
Papandreou, Andreas 21
Paulus, Apostel 20, 60
Phokas, Nikephoros 20
Platon, N. 38
Prevelakis, Pandelis 29, 51

Sakellarakis, J. und E. 46
Sanmicheli, Michele 24
Schliemann, Heinrich 43
Simitis, Konstantin 20

Theodorakis, Mikis 27
Theseus 12
Titus, hl. 20, 28, 60

Venizelos, Eleftherios 20, 58

Zeus 12, 61

Zeichenerklärung

Unsere Preissymbole bedeuten:

Hotel: ○○○ DZ ab 32000 Dr   Restaurant: ○○○ über 7000 Dr
        ○○   16000 bis   (Hauptger.)
             32000 Dr   ○○   4000 –7000 Dr
        ○   bis 16000 Dr   ○   bis 4000 Dr

**Polyglott im Internet: www.polyglott.de,
im Shell GeoStar unter www.ShellGeoStar.com,
in Beyoo unter www.beyoo.com,
im Travel Channel unter www.travelchannel.de**

Alle Informationen stammen aus zuverlässigen Quellen und wurden
sorgfältig geprüft. Für Ihre Vollständigkeit und Richtigkeit können wir jedoch
keine Haftung übernehmen.
Ergänzende Anregungen bitten wir zu richten an:
Polyglott Verlag, Redaktion, Postfach 10 11 20, 80711 München.
E-Mail: redaktion@polyglott.de

Impressum

Herausgeber: Polyglott-Redaktion
Autor: Dr. Andreas Schneider
Lektorat: Frauke Burian
Laufende Bearbeitung: Gudrun Raether-Klünker
Layout: Ute Weber, Geretsried
Karten und Pläne: Huber-Kartographie
Titeldesign-Konzept: Independent Medien-Design
Satzumstellung: Tim Schulz, Dagebüll
Satz Special: Ute Weber, Geretsried

Erste Auflage 2001
© 2001 by Polyglott Verlag GmbH, München
Printed in Germany
ISBN 3-493-58823-2
Dieses Buch wurde auf chlorfrei gebleichtem Papier gedruckt.

Die wichtigsten Sehenswürdigkeiten auf einen Blick

Das unverwechselbare Polyglott-Sternchensystem dient einer ausgewogenen Bewertung aller Sehenswürdigkeiten. Es soll Ihnen die Wahl und die Zusammenstellung Ihrer Reiseroute erleichtern.

*** eine eigene Reise wert
 ** einen Umweg wert
  * sehr sehenswert

- *** Archäolog. Museum, Iraklion (S. 36 ff.)
- *** Knossos (S. 43 ff.)

- ** Panagia Kera, Kritsa (S. 49)
- ** Rethimnon (S. 50)
- ** Chania (S. 53 ff.)
- ** Archäolog. Museum, Chania (S. 54)
- ** Venezian. Hafen, Chania (S. 55)
- ** Recht von Gortis (S. 60)
- ** Phaistos, Palast von (S. 61)
- ** Lassithi-Hochebene (S. 65)
- ** Malia, Palast von (S. 69)
- ** Kato Zakros, Palast von (S. 76)
- ** Samaria-Schlucht (S. 90)

- * Iraklion (S. 36 ff.)
- * Ikonenmuseum, Iraklion (S. 41)
- * Vathipetro (S. 46)
- * Fourni (S. 46)
- * Einraummuseum, Archanes (S. 46)
- * Agios Nikolaos (S. 47 f.)
- * Archäolog. Museum, Agios Nikolaos (S. 48)
- * Kritsa (S. 49)
- * Markthalle, Chania (S. 54)
- * Katholikon, Kloster (S. 58)
- * Zaros (S. 59)
- * Valsamonero, Kloster (S. 60)
- * Gortis (S. 60)
- * Agia Triada (S. 63)
- * Zeushöhle von Psichro (S. 65)
- * Gournia (S. 72)
- * Toplou (S. 75)
- * Vaï (S. 75)
- * Ida-Massiv (S. 77)
- * Tilisos (S. 77)
- * Anogia (S. 78)
- * Fodele (S. 81)
- * Arkadi, Kloster (S. 82)
- * Preveli (S. 84)
- * Preveli, Strand von (S. 84)
- * Plakias (S. 84)
- * Kokkino Chorio (S. 87)
- * Imbros-Schlucht (S. 88)
- * Chrisoskalitisa, Kloster (S. 97)

Der Autor,

Dr. Andreas Schneider,

studierte Geschichte, Griechisch und Archäologie. Heute veranstaltet er sozialgeschichtliche Studienreisen in Hamburg und führt hin und wieder auch Reisegruppen durch Kreta. Mehrere Publikationen, darunter Reiseführer über Griechenland und Zypern.

Die Verfasserin der Special-Texte,

Gudrun Raether-Klünker,

ist freie Reisejournalistin und Lektorin und lernte Griechenland auf unzähligen Reisen kennen und lieben. Sie hat unter anderem bereits mehrere Reiseführer über verschiedene Inseln und Regionen Griechenlands veröffentlicht.